U0926628

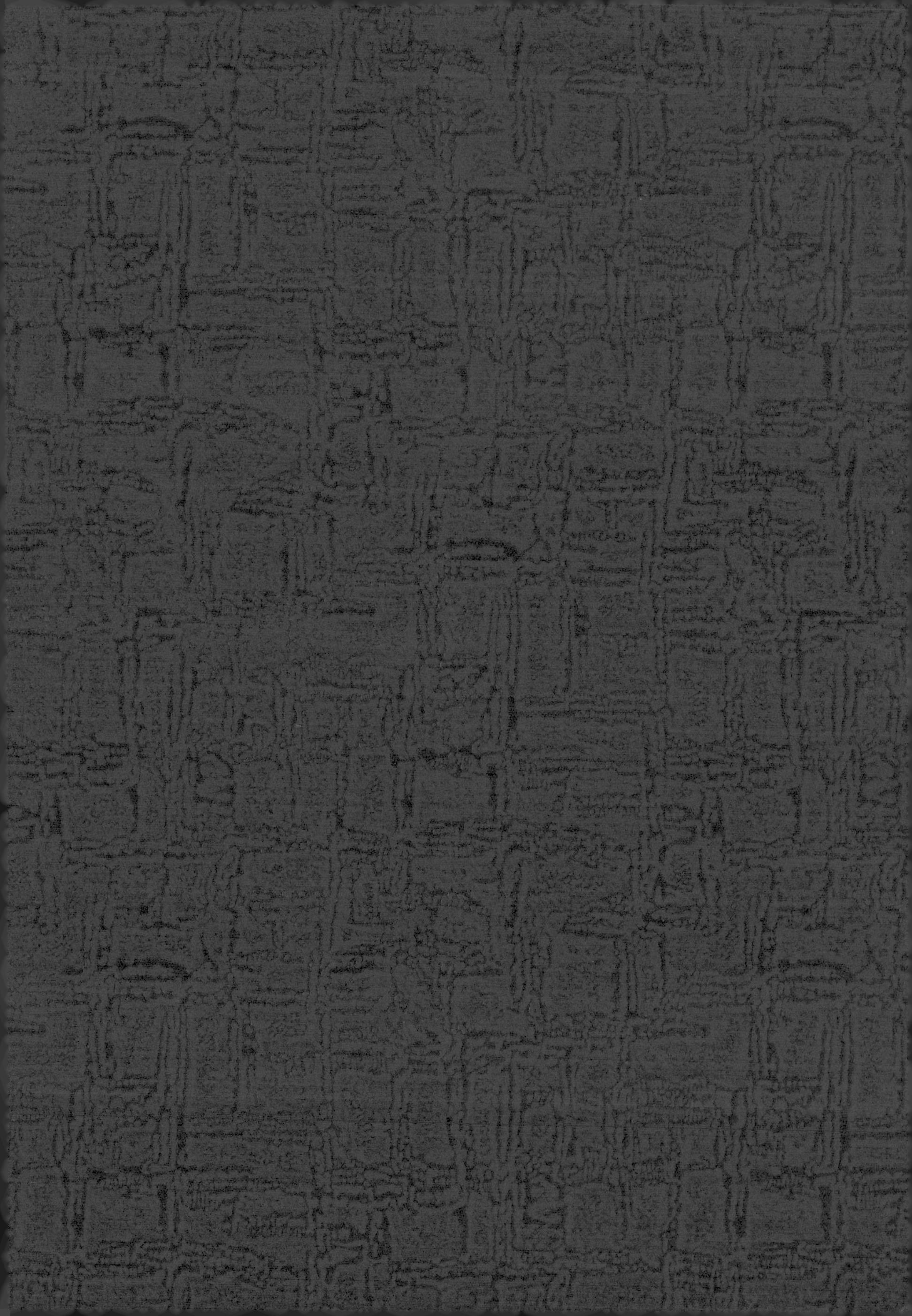

QIYE CHENGZHANGLI SHUJIA
企业成长力书架

超级领导力
修炼7大法则

何兴龙◎著

中国财富出版社

图书在版编目（CIP）数据

超级领导力修炼7大法则/何兴龙著. —北京：中国财富出版社，2015.8
（企业成长力书架）
ISBN 978－7－5047－5725－8

Ⅰ.①超…　Ⅱ.①何…　Ⅲ.①领导学—通俗读物　Ⅳ.①C933－49

中国版本图书馆CIP数据核字（2015）第113116号

策划编辑 范虹轶　**责任编辑** 戴海林　吴伊文
责任印制 方朋远　**责任校对** 梁　凡　**责任发行** 邢有涛

出版发行 中国财富出版社
社　　址 北京市丰台区南四环西路188号5区20楼　**邮政编码** 100070
电　　话 010－52227568（发行部）　010－52227588转307（总编室）
010－68589540（读者服务部）　010－52227588转305（质检部）
网　　址 http：//www.cfpress.com.cn
经　　销 新华书店
印　　刷 三河市西华印务有限公司
书　　号 ISBN 978－7－5047－5725－8/C·0190
开　　本 710mm×1000mm　1/16　**版　　次** 2015年8月第1版
印　　张 16.25　**印　　次** 2015年8月第1次印刷
字　　数 233千字　**定　　价** 42.00元

QIYE CHENGZHANGLI SHUJIA

企业成长力书架

编委会

前　　言

每一个成功的企业背后，必定有一位伟大的领导者。通用电气的杰克·韦尔奇，苹果的史蒂夫·乔布斯，微软的比尔·盖茨，阿里巴巴的马云，百度的李彦宏……这些领导者在这些企业迈向业界制高点的过程中，都起着至关重要的作用。

杰克·韦尔奇在他所著的《赢》一书中说道："当你成为领导者以前，成功只同自己的成长有关；当你成为领导者以后，成功都和别人的成长有关。"成功领导者的定义和标准，不是领导者本人具备怎样的聪明才智，而是要能让自己的下属们都能上升到一个前所未有的境界和水平。

成功的领导者们并不总是一个模子，例如，比尔·盖茨是一个温文尔雅的绅士，而乔布斯却是一个狂热的梦想家和"暴君"，尽管两人的性格和行事作风截然不同，但都无愧于"伟大"这个词。

成功的领导者不是一个固定的刻板形象，需要每一个领导者都去照着固定的模式去改变自己、打磨自己，而是一个由卓越的领导力支撑起来的，让所有人都愿意追随的魅力形象。无论是和蔼还是严厉，无论是激情澎湃还是沉静如水，一个具备卓越领导力的领导者都能够带领下属做出一番不平凡的事业。

每个企业中都存在位于不同层级的领导者，他们的地位、作用、职权范围各不相同，但是都需要打造出卓越的领导力才能在自己所在的位置上做到最好。各个层级的领导者形成一个思想统一的领导者集团，朝着共同的目标奋斗，这才是企业乘风破浪、立于不败之地的最大的力量源泉。

领导力是一门艺术，它不同于传统的管理，不是一种简单的操纵和强制行为，而是囊括了前瞻与规划、沟通与协调、真诚与均衡等众多要素的组合体。领导力是一种磁场，它让下属都围绕在你的身旁，和你共进退。

本书可作为超级领导力修炼指南，从宏观决策、管理行为、个人品质等各个层面指导企业的各级领导者进行学习和提升，进而成为一名符合21世纪企业发展需求的领袖式人物，体会并实践21世纪所需的领导力。

本书共八章，除了作为综述的第一章外，其他七章通过与传统管理要素对比的方式，向读者呈现与阐述了愿景、信念、人才、团队、授权、激励、真诚七大全新的领导要素。希望读者能够摆脱旧的思维方式的禁锢，学习更适合现代企业的全新的领导理念。本书的一大特色就是案例丰富，能使读者从这些智慧的人和智慧的事中体会到蕴藏其中的伟大领导力，并通过这些故事的学习来规范自己的领导行为。

成功的领导力修炼，绝非一朝一夕可以达成，这就需要领导者在众多方面付出艰苦卓绝的努力。通过本书的阅读与学习，希望各位领导者能够在思想和行为上“破旧立新”，以全新的精神状态打开领导力修炼的大门，踏上领导力修炼的道路。若能达成这一目标，本书就已完成了其光荣的使命！

作　者

2014年12月

目 录

第一章

超级领导力修炼必知

管理是把事情做好，领导力是做正确的事情。

——彼得·德鲁克

管理是一门科学，而领导是一门艺术，它很难被确切地定义或描述。每一个企业内部都有许多大大小小的管理者，但并非每一个管理者都具备优秀的领导力。

领导力是一种能力，它不是由外界赋予的，而是由个人经过长期的知识的储备、经验的积累、心理的沉淀而形成的一种独特的影响力。一名管理者，无论职位高低、权力大小，都能够成为卓越的领导者，也都应该以此作为前进的目标与方向。而要完成从管理者到成功领导者的进化，修炼出属于自己的超级领导力，就要对领导力有一个全面且深刻的认识。

领导者应有的6P特质

成功的领导者，几乎是每一个企业领导者的宿求。现代理论大师帕森斯说过：“成功已经成为现代人的硬性需求，因为在现代人的思想中，人们通过自己的努力而不是天赋获得社会地位，成为一名成功的领导者。而一名成功的领导者能带领一个团队为自己创造更多的财富和更高的地位。”

受这种“成功领导者”的称谓的影响，许多领导者开始通过制定严苛的规章制度、行为规范、程序和方法来评判、提升下属，千方百计地把自己打造成一个成功的领导者。但是这种思想导致的直接结果是，员工在工作的过程中重制度而轻工作目标，重程序而轻质量，最后导致工作成果参差不齐，领导者难辞其咎，只好被赶下台。

这样的现象其实在企业的日常管理中是一件司空见惯的事情。

2012年1月19日，美国伊士曼柯达公司因负债68亿美元而倒闭。标志着乔治·伊斯曼这一曾经创造了胶卷生产帝国的柯达的领导者，已经沦为一个破产者的局面。

乔治·伊斯曼之所以会沦为一个失败的领导者，主要是因为，在数码时代来临的时候，他不愿放弃胶卷为自己带来的利益，不愿意对产品进行变革，没有为企业进行长远的打算。

在商场，有成功就会有失败，有人倒下，就会有人不断地站起来。

全球杰出领袖奖获得者，富士康的老总郭台铭，在24岁的时候和几个朋友在台湾建立了一家鸿海塑料企业有限公司。但是鸿海成立不久，就受到了金融危机的影响，使得企业的经营十分困难。当时朋友都劝郭台铭放弃工厂，但是郭台铭不肯，依然投入自己全部的积蓄和精力，从国外引进先进的设备，并培养了一批值得信赖的员工与自己一道进行艰辛的创业。

企业经营逐渐好转之后，他又从瑞士引进了先进的设备，聘请日籍的顾问和引进日本的精密机械技术帮助企业的发展。当公司规模发展到一定规模的时候，郭台铭又慷慨地提供大笔的资金资助员工到国外学习。

在郭台铭卓越的领导下，企业最终发展壮大，成为现在的富士康帝国。

通过对比富士康老总郭台铭，以及和他一样优秀的领导者阿里巴巴的创始人马云、百度之父李宏彦、苹果创始人史蒂夫·乔布斯等，我们可以看出一些共性，优秀的企业领导者一般具有以下 6 个特质，即 6P。

1. 领导者的热情，即 Passion

领导者必须对自己所从事的工作有十二分的热忱，因为热情可以带来积极的工作态度，而积极的工作态度是一切事业成功的基石。在领导者身上，如果没有热情做基础，其他特质的作用也很难发挥出来。应该说，领导者的热情是领导者 6P 特质中最重要的一个特质。领导者不仅要自己点燃激情，还要学会激发员工对工作的热情，去点燃团队的热情。当团队的热情被点燃之后，领导者会惊奇地发现，团队是一座蕴含着巨大能量的宝藏，它的力量会让你震撼不已！热情是完成企业目标和任务的催化剂，虽然它难以量化，但它确实对团队的业绩起着至关重要的作用。如果一个领导者对自己所从事的工作没有热情，那么，他就不能激励下属，不能实现对企业的量化管理

2. 领导者的远见，即 Purpose

作为一个企业的领导者，必须对未来有明确的发展规划，向下属们表达自己对企业发展的梦想，并和员工达成梦想的共识，领导和鼓励员工向着梦想所在的方向而努力奋斗。如果作为企业的领导者，你看不到企业的未来，那员工和下属就会失去前进的动力。

管理大师彼得·德鲁克说："优秀的管理者和普通的管理者有所不同，那就是优秀的管理者能取得长期和短期目标的平衡。"一个企业的领导者就是企业方向的制定者，所以在制定目标和方向的时候就要求企业的领导者有远见，否则就会像柯达一样，在一个时代的终结中沉沦。

3. 领导者的自我定位，即 Place

作为一个企业的领导者，应该很清楚自己在企业中所扮演的角色和所处的地位，以及肩负的责任。你应该清楚对于一个企业的员工来说，你就是企业的领路人，你的一言一行都会引起员工的猜想和跟随。

所以，在企业中，你应该知道如何让自己进步，这样就会在员工中形成一种榜样作用。还应该知道，怎样把企业做到最好，怎样才能成为一名成功的领导者。只有清楚这些，明确自己的职责，你才能够发挥自己的潜能，带领企业走向成功的巅峰。

4. 领导者处理事务的优先顺序，即 Priority

每一个企业优秀的领导者最突出的特点，就是能够明确地判断出事物的优先顺序。这也充分体现出领导者的领导智慧。领导者要想不顾此失彼，取得更好的绩效，就要在不断的选择中懂得取舍，在有限的资源和时间范围内，决定应该先做什么，后做什么。

也许在一个企业的所有决策中，保留什么，舍弃什么是最难的一件事情，但是领导者要有这方面的智慧与勇气，这样才能不断地为企业做出正确的选择。

5. 领导者对人才的经营，即 People

领导者应该清楚，人才是企业赖以生存的人力资源，企业的核心竞争力是人才的竞争力。一个企业要想在社会竞争中取得比别的企业更大的优势，人才是最有力的保障。所以领导者必须学会经营人才，学会为企业打造一支卓越的管理团队。如果一个领导者不善于经营人才，企业缺乏人才，那么这个企业就不会获得大的发展，最后走向破产。

6. 领导者的领导权力，即 Power

自古以来，领导者都是权力的象征，如果一个领导者在企业中失去了权力，就相当于清朝后期的傀儡皇帝，虽然享有各种殊荣，但却没有实权，只能被别人操纵。

在企业中，领导者只有掌握了权力，才能发挥积极作用，才能在员工中产生一种强大的执行力，保证所有决策的顺利进行。可是很多领导者虽然拥有了权力，但却不善于使用，使权力的效果难以体现；另外，领导者拥有了现在的权力，却总是想向上级要更多的权力，这两种做法都不合适。最佳的做法是充分运用手中的权力，并发挥到极致。

上面的六种特质，是一个企业的领导者必须具备的特质，称为“领导者的 6P 特质”。它们是一个企业的领导者完成梦想，提高自身在企业地位的重要依据。

领导者权力的分析和运用

一个成功的企业背后，一个企业内部优秀的部门背后，总有一位或多位强有力的领导者担当着指挥工作，带领着手下的员工向着正确的发展方向前行。而领导者对下属下达的各项命令，就离不开权力作为保障。领导者权力就如同古代将领的兵权一样。有了兵权，才能统率三军，士兵们才会毫不犹豫地听从指挥、服从命令；没有兵权，任凭你英勇无双或是多谋善断，也没有士兵会跟随你征站沙场。

一个企业的领导者权力，一般分为以下5种。

1. 法定权力

法定权力是根据领导者在企业中的职位而拥有的基本职能权力，它由企业内部的规章制度赋予并保障。一般而言，法定权力与岗位职责是密不可分的，所谓在其位、谋其政，在这个岗位上，就要行使这个岗位赋予你的权力。如果身在其位，却不能行使其岗位权力，那就失去了岗位领导的最后一道防线，你的下属也会因为你不能使用自己法定的权力而不认为你是领导。同时，权力是和其岗位责任相匹配的。责任越大，相应的权力也就越大，权力也是为相应的领导者能顺利履行他们的职责而被针对性地设立的。

2. 奖赏性权力

奖赏性权力是由法定权力引申而来的，同样是由企业制度赋予并保障的，即通过正面的激励引导下属服从命令、完成任务。奖赏权是对下属正面的推动力，是主要的领导手段和方法。比如，绩效奖金、加薪、提供晋升机会、授予头衔、改善福利待遇等。只要下属顺利地完成任务，领导者就会给予各种物质或精神奖励。领导者对下属的奖赏方式十分多样，一句赞美的话，一个鼓励的眼神，一个关心的动作对于下属来说都是一个巨大的鼓励。优秀的领导者会用多种方式把奖赏权使用得淋漓尽致，让下属的工作充满了激情和动力。

3. 强制性权力

强制性权力同样是由法定权力引申而来的，是与奖赏性权力相对的概念，即通过负面的惩罚推动下属服从命令、完成任务。比如，降薪、降职、通报批评、开除等处罚措施。如果下属不遵从领导者的命令，就会受到直接的利益损失，这是一种威慑的力量。强制权在使用时首先遇到的问题是领导者是否敢使用的问题。领导者在团队面临重大的、具有挑战性的任务时，如果不使用强制权，任务无法完成时就必须使用。否则不但任务不能达成，领导者也会面临失去威慑力的尴尬境地。但强制权也不能过度使用。如果强制权使用的时间、地点、力度掌握不到位，就会给下属造成滥用权力的暴君的印象，会失去领导者的亲和力。

4. 专家性权力

专家性权力是借助领导者自身的能力使下属服从的力量，它来源于领导者在某个专业领域的专业知识。比如，拥有某项专业的技术能力，或者是曾经拥有带领团队走向成功的经验，等等。拥有相应的知识、能力、经验，就具备了专家的权威性，一个清楚知道应该做什么、怎么做的领导者，才最容易获得下属的认同和服从。

5. 榜样性权力

榜样性权力就是以身作则，用实际行动来赢得下属的支持和拥护。当

领导者的行为让下属感到了信任和尊重，他们自然而然就会服从领导。一些身先士卒的将领身后，总有许多士兵英勇追随，这就是一种榜样的力量。

领导者权力根据权力来源性质的不同，可以分为硬权力和软权力。

法定权力、奖赏性权力和强制性权力属于硬权力，它来源于领导者外部，是由公司的规章制度赋予并保障的。硬权力通过规定、奖励、惩罚等手段，强迫或诱导下属服从命令，规范自己的行为，这是一种外在的推动力。

专家性权力和榜样性权力属于软权力，它来源于领导者内部，如领导者自身的知识、经验、行为、个人魅力等，都是软权力的构成要素。软权力通过领导者个人的能力和行为，引导并带领下属服从命令，完成目标任务，这是一种内在的吸引力。

一些领导者只重硬权力而忽视软权力，沉浸在“呼风唤雨”的权力之中，成为了下属眼中的“暴君”。还有一些领导者则只重软权力而忽视硬权力，仅仅靠人情、义气来领导下属，这样只是成为了“江湖大哥”。这两种极端的运用权力的方式，都只能在短期内取得成效，而无法长久稳定地构建团队执行力。

一个成功的领导者，要学会灵活运用这两种权力，二者缺一不可。正确运用权力，一定要把握以下 3 个原则。

1. 软权力和硬权力搭配使用，实现互补

软权力的有效运用需要硬权力的支持，人都会有惰性，软权力无法保证人人都能服从、时时都能服从，这时就需要硬权力对下属做出强制性规范。同时，软权力的运用也能消除硬权力带来的负面影响，使下属不再对硬权力产生逆反和应付心理。所以，两种权力共同作用能产生强大的乘数效应，使领导者权力效果倍增。

2. 多用软权力，少用硬权力

随着时代的进步，人们思想的转变，使得企业管理也呈现了新的面貌，以往一些被忽视的管理要素越来越被重视，甚至占据了更大的比重。在现代企业中，领导者过多地依靠外在赋予的权力很难使下属“臣服”，更多的要靠自己的个人魅力。这也就决定了，领导者在权力运用上，应该以软权力为主，硬权力只是作为最后一道“防洪堤”。

3. 先用软权力，后用硬权力

在实际工作中，领导者应当先运用软权力，因为如果不能使下属形成发自内心的认同和服从心理，即便强制性地运用硬权力，也会使工作效率大打折扣，难以达成长期目标，这不是一种有效的领导方式。相反地，先运用软权力使下属自发地去执行命令，当与计划出现偏差或滞后时再运用硬权力进行刺激，这样能使两种权力发挥出最佳效果，同时，还能使领导者与下属间保持一种和谐共处的关系。

想要充分发挥领导者权力，就要正确认识权力的来源和作用，合理搭配运用硬权力和软权力，掌握好两者的运用时机和运用力度，从而实现可持续的有效领导，这是现代领导者必须学会的领导艺术。

领导者应有的格局和价值观

格局是一种境界，是领导者所能达到的高度和层次。格局是一种远见卓识，是对全局、整体的把握和控制。

想要成为一个优秀的领导者，就一定要具备“大”格局，要有海纳百川、统领全局的气度，也就是我们常说的“大将之风”。

阿里巴巴旗下有着众多的企业，其中不乏一些有着丰厚利润和优秀业绩的企业，但是最终名震世界的却是阿里巴巴集团。这是因为这些企业的领导者想方设法通过电商平台赚取利润的时候，马云却在想着如何将阿里巴巴这个电商平台做得更大。一边是在平台内拼杀，另一边却是在不断地扩张平台，正是领导者的不同格局，才最终决定了企业的实力和规模。

领导者的格局是观察能力、思考能力、决断能力的统一，这不是与生俱来，也不是一蹴而就的，需要领导者有意识、有目的地去培养锻炼。一个拥有“大将之风”的领导者，需要具备以下几项基本条件。

1. 客观看待所有事物

唯有客观，才能无私。如果一个领导者在判断、决定一件事情的时候，受到个人感情因素、兴趣偏好或利益关系的影响，那么所做的判断势必会向个人利益偏移，就无法保证最终决定的公平、公正，以及正确性。

2. 平衡的思考与判断

领导者在做决策时，必须要纵观全局，全盘考量该决策所涉及的所有层面，而不是单点思考、单向思考，草率地做判断。比如，公司内部或部门内部的奖励制度、福利政策的制定，必须顾及所有员工的工作特点和需求，让有限的资源能够惠及所有员工，而不是仅能让少数人从中获益。大格局的领导者，就要对所有下属给予“大爱”，而不是给少数人施以“妇人之仁”。

3. 长远均衡地考量员工和企业

员工和企业的利益关系，从短期来看是此消彼长的，但是从长期来看却是共同促进的，关键在于领导者如何去合理分配。不能为了企业有充足的发展资金就去压榨员工的剩余价值，给予其过低的薪资待遇，或是过于繁重的工作压力，员工没有动力和激情，企业也无法进一步发展。但也不能为了让员工高兴就给予其过高的薪资待遇，或是容忍其低下的工作效率，企业缺乏利润支持和业务量保障，会在市场上失去竞争力，企业不在了，员工最终也会失去工作，成为直接的受害者。

价值观是一个人对于客观事物的总体看法，是推动并指引一个人采取决定和行动的原则及标准。

领导者的价值观直接决定着他采取的领导行为及其所取得的领导效果，对领导力有着至关重要的作用。管理大师彼得·德鲁克甚至直接断言，领导力就是领导者的价值观。

一个成功的领导者，不是用金钱、地位等物质利益“捆绑”下属，而是凭借个人价值观来塑造强大的领导力。从巨人汉卡到巨人大厦，从脑白金到黄金搭档，史玉柱都是受人万分景仰的传奇创业者之一，但同时，他也是众多企业家警醒自己的“反面教材”，因为史玉柱在创业道路上曾历经了数次重大的失败。可是，不管史玉柱处于何种困境下，都有一大批忠心的员工陪他一次次地东山再起，即便是在完全没有工资的时候仍然不离不弃。有人说这是史玉柱的人格魅力，不错，但人格魅力归根结底也是由个人的价值观所塑造的。所以，从本质上讲，是史玉柱个人价值观的影响，才让下属心甘情愿地与他共进退。

没有哪两个人具备完全相同的价值观，因为每一个人的成长历程都千差万别。纵观全世界的成功领导者，也没有具备完全相同价值观的，其中甚至有些人的价值观存在明显的对立和冲突，但是这并不妨碍他们每一个人取得属于自己的成功。领导者的正确价值观没有完全固定的模式，但也有具备共性的地方，这就是领导者应当树立的核心价值观。

（1）信任值得信任的人；

（2）强大的行动能力，少说多做；

（3）做人做事有底线，有原则；

（4）崇尚节俭，杜绝无谓浪费；

（5）注重结果，敢于担当；

（6）勤于倾听，善于倾听；

（7）心无旁骛，专一专注；

（8）顾全整体，凝聚团队力量；

（9）有勇气，敢于挑战；

（10）乐于创新，精于改善。

以上十点价值观，是每一位领导者都应当树立和具备的基本价值观。你可以拥有自己的领导思维，采用自己的领导方式，不必一味地去模仿其他成功者。但是，无论你的领导哲学是什么，请你对照上述十点核心价值观，看看是否有相违背之处，是否有不足之处。有则改之，无则加勉，不要感觉自己现在做得还不错就忽视了其中的某一点。想要成为成功的领导者，就要严格地要求、规范自己。

只有同时具备了十点基本价值观，你才能在下属心目中塑造强有力的领导形象，做出正确的判断和行动，从而激发出强大的领导力。

领导者如何修炼自身的威仪和威德

一位领导者想要顺利地统领下属，除了运用自身的权力之外，修炼威仪和威德也是必不可少的。一位有威仪的领导者，就是让人第一眼看上去感觉有领导的样子，也就是我们常说的“有官相”。但是这不是让领导者摆官架、摆官谱，这只会让下属反感。“威仪”从字面解释就是威严的仪态，不过这种威严不是建立在对下属大呼小叫的基础上，而是通过领导者的一言一行、举手投足间自然地展现出来的。

我们常用一个词来形容古代的诸多杰出帝王，叫“不怒自威”。意思是帝王不需要刻意表现出愤怒的神态，只是维持平时的态度就能让大臣们感受到其威严，并为之折服。领导者就应该通过对自身的“包装”，来达到这种“不怒自威”的境界。

构成领导者威仪的有 4 大要素。

1. 相貌

我们常说，不能以貌取人。相貌是天生的，我们无法做出选择，但这不代表我们就因此丝毫不修边幅。领导者的相貌，不是要求领导者本人长得多英俊、多漂亮，而是要让人看起来干净利落。如果一个领导者整天搞得蓬头垢面、邋里邋遢，即便你再有才，也免不了受到下属的指指点点。

对于相貌的另一个重要影响因素是自信，无论你天生的长相如何，都不要因此影响自己的内心，始终保持自信满满的神态，自然会展现出“官相”。说到这儿，很多人会想起马云。马云的相貌可以说是不符合大众审美的，有许多人都觉得他长得十分“奇怪”，但这丝毫没有影响他的领导力，利落的扮相、自信的神情、敢于在媒体面前抛头露面。现在，还有人

说马云没有领导的样子吗？

2. 举止

人们常说，站有站相，坐有坐相。一个人的举止是内在气质的最主要的表现因素，一个不起眼的小动作可能就会暴露一个人的素质和修养。假如我们看到一个军人，即便他没有穿军装，但从他的站姿、从他行走时的步伐，也能一眼看出来这个人当过兵。领导者的举动也是一样的道理，如果领导者走起路来器宇轩昂，做起事来丝毫不拖泥带水，就会让下属觉得"领导毕竟是领导，就是不一样"。

领导者即便只是坐在那里，什么也不说，对下属也会有很强的暗示作用。假如一位领导者始终笔挺挺地坐在办公桌前，丝毫没有疲态，下属做起事来自然也会全神贯注，不敢马虎。相反，假如领导者跷着二郎腿，随意地躺在座椅靠背上，下属也会受到影响，思想出现懈怠。

"站如松，坐如钟"，说起来容易做起来难。好习惯很难养成，坏习惯一旦养成又很难改变。身为领导者，应当时刻绷紧神经，始终以严格的要求来规范自己的行为，将端正威风的举止与自身融为一体。

3. 着装

服装的选择与搭配，也是展现一个人气质的重要环节。领导者就要穿出领导的风范。在着装上，并不是衣服越贵越好，品牌越响越好，衣服好不等于形象好。服装干净整洁，和自身的形象相符才是最重要的，否则只会让人感觉格格不入。

在着装事宜上，许多企业对于领导和普通员工都有统一的要求和规定。如果有统一的工装，员工自然要穿工装。如果没有工装，白衬衫、西裤、皮鞋就是着装的"标准装备"。即便没有如此正规的要求，也要尽可能选择素色的服装，避免过于鲜艳。如果一个领导者穿着花衬衫和短裤，趿拉着拖鞋对下属发号施令，下属不可能会对领导产生好印象。

领导者的着装不仅是自身的表现，也是对下属的示范。如果领导者不能以身作则，按照企业的规定进行着装，那么就难以要求下属进行规范着装。

4. 声音

声音虽说看不见、摸不着，但只要一个人一开口，我们就能大概摸清他的个性和底气。领导者讲话，讲究权威感和信赖感，说起话来要掷地有声、斩钉截铁，而不是吞吞吐吐、犹豫不决。如果你的声音听起来不够坚定，就会让别人感觉你不自信，一个不自信的人，又怎能赢得他人的信任和依靠呢?

声音是一种天赋，有人天生就有一副洪亮的好嗓子，但声音也可以靠后天的训练来改变。英国首相撒切尔夫人原本的声音又细又尖，后来为了在竞选中给民众留下坚强可靠的印象，她向形象专家请教学习，再加上自己的不懈努力，最终练就了一种浑厚有力的声音。其实，很多时候，影响一个人声音的是他的胆量和个性，作为领导者，就要放得开，要敢说敢讲，不怕犯错，这样才能获得领导者的“好声音”。

一位领导者，小则要在部门内的几个人面前发表言论，大则要在企业的全体员工面前发表言论，成功的领导者都是出色的演说家，而震撼人心的声音正是优秀演讲的基础。

威仪主要是指领导者的外表，但仅有外表可不行，内在往往更加重要。领导者的内在，就是我们所说的威德。一位成功领导者的基本素养和表现，就是能够“镇”得住下属。这不是靠气势汹汹的言语来吓唬下属，或是用粗鲁无礼的举动来羞辱下属来实现的，而是要用一种润物细无声的能力和修养来感动对方，让他为之钦佩，这才是威德。

领导者的威德由 3 大要素构成。

1. 见识

一位领导者最重要的才能就是远见卓识，缺少这一点，下属就会不服气；具备这一点，下属才会心悦诚服。

从狭义上讲，领导者的见识是专业领域的各种知识。比如，技术部门的经理或部长，就要有丰富的专业知识和技能，否则就无法做出正确的决策，下属也会对他产生质疑。从广义上讲，领导者的见识是对整个领域甚至是商业形势的把握。领导者的级别越高，对其细化的知识技能的要求就越少，更多的是要求其有把握大环境、大趋势的能力。

马云经常说："我不懂电子商务。"可是他真的不懂吗？也许马云不知道阿里巴巴平台内的各项产品和服务是运用什么技术如何制作出来的，也不知道它们是根据哪些原理运作的，但他清楚如何使用这些产品去创造价值、赚取利润，他也十分清楚电子商务的发展前景，坚信电子商务的光明未来，这就是见识。正是因为这些见识，才让一众"科技战将"围绕在他的身边，建设了一个庞大的电商帝国。

2. 礼仪

中国俗称"礼仪之邦"，礼仪在数千年来对中华民族产生了深远的影响。礼仪不是一种装饰面子的形式，而是一种相互尊重的文明规范。作为领导者，待人接物一定要有礼仪。领导如果不讲礼仪，就是在自掉身价，下属也不会愿意尊重你。

三国时期的刘备之所以能够聚集众多优秀人才，关键就在于他始终以礼待人。三顾茅庐的故事早已家喻户晓，刘备没有因为自己身居高位就看不起当时仍是"乡野村夫"的诸葛亮，在屡次无功而返后仍然能保持礼数周到，这才赢得了诸葛亮的一生效忠。

领导者除了要经常和自己的下属打交道外，还要与其他部门，以及其他企业的人员接触，所以，各种社交礼仪、商务礼仪的学习都是必不可少的。如果在和其他企业商谈、签订合同时，没有遵循相应的商务礼仪，不仅有损自己和企业的形象，甚至还会使谈判破裂。

3. 谦逊

老子在《道德经》里有言："欲上人，必以言下之。"意思是，如果你想位居人上，那么说话就要谦逊，态度就要客气。

领导者必须明白，自己的位置是由众多下属共同托起的。领导者处在金字塔尖高瞻远瞩，但是没有下面坚实的基座，也无法达到应有的高度。没有士兵的将军，就没有存在的意义和价值，领导者也是一样。如果总是摆出一副高高在上的样子，在下属面前盛气凌人，下属提出意见和建议时冷嘲热讽，恐怕没有人会愿意在你手下工作。等下属都离开了，你也自然就会从塔顶上跌落下来。

谦逊是一种美德，没有人是十全十美的，认识到自己的不足，取他人之长补自己之短，团队才能更加强大。

领导者的威仪和威德是密不可分的，它们共同构成了领导者的整体形象。某个方面差一点，领导者的"形象总分"就会降一些，领导力自然也就薄弱一层。所以，领导者要成就一番事业，在形象训练、才能培养两方面都马虎不得，"两手都要抓，两手都要硬"。

制约领导力提升的 4 大病毒

领导力的提升，总会受到诸多因素的制约，这其中影响最大、最直接的，莫过于领导者自身的主观因素。领导者个人错误的思想，不恰当的行为，都会成为企业前进道路上的“绊马索”，使领导力的提升处处受阻。这其中，有 4 项存在最普遍，影响最深刻的因素，需要每一位领导者时刻警醒。

1. 对人不知感恩

每一个人都应该有一颗懂得感恩的心，身为领导者，更是要懂得对下属感恩。领导者的成功，离不开自身的能力和努力，但是下属们的默默支持也是同等重要的。领导者与下属，不仅仅是简单的上下级关系，而是一种互相扶持、共同进步的伙伴关系。如果领导者在取得相应的成就后就“过河拆桥”，不管下属的死活，那么在他人的眼中你就只是一个忘恩负义的人，没人会愿意继续跟随你。

2. 对己不知克制

任何人的成功，都离不开对自己的严格要求，一个不懂得克制的人，只会被自己的情绪和欲望牵着鼻子走，是无法成就大事的。克制就是对自身的控制，无论是思想上还是行为上，一个不能控制自己的领导者，是无法控制下属的。遭遇失败时就大发雷霆，喋喋不休地责怪下属；取得成功时就居功自傲，权力欲膨胀，这样的领导者自然无法赢得人心。

3. 对事不知尽力

“努力做事，静待结果发生”，这是一种可贵的处事态度。成功离不开机遇和才能，但努力始终是成功的基石。机遇和才能你难以控制，但努力与否是和你自身息息相关的。当手握机遇时，若领导者因为做事不够尽力而与成功失之交臂，不仅是自己的一次损失，也是对团队的一次打击。一位懈怠的领导者，其手下是不可能出现勤奋的员工的，即便有，这位员工也不会愿意在这样的领导手下工作。

4. 对物不知珍惜

领导者的成就，不是只属于个人的成果，同时也是团队和企业的成果。成功来之不易，所以才要更加珍惜。曾经有无数的创业企业有着一个极佳的开端，但其内部领导者们却被快速的成功冲昏了头脑，恣意挥霍着企业的利润，最终导致企业因为资金链断裂而灭亡。珍惜现在才有更好的未来，优秀领导者的目标只有一个，那就是永远迈向更高的舞台，创造更大的价值。

领导者在为人处世时要时刻提醒自己不要陷入以上四种误区，避免这四种“病毒”将自身的领导力侵蚀得“病入膏肓”。要以正面积极的态度做到对人感恩、对己克制、对事尽力、对物珍惜，这样才能一举扫清制约领导力提升的障碍。

影响领导力提升的6个误区

有一些领导者，十分清楚提升自身领导力的重要性，也花了大量时间与精力去学习培养。但是其中许多人，在提升领导力的过程中找不准方向，找不对方法，陷入了学习误区，好钢最终没能用在刀刃上，结果导致付出与回报不成正比。

1. 重能力轻成绩

一些领导者在学习提升领导力时，仅仅看到了领导能力、领导技能本身，而忽视了与实际工作，与企业或部门的要求相统一。为了学习而学习，而不是为了切实提高领导力而学习，这是很难产生有益的结果的。

重能力轻成绩的直接后果就是，学习到的内容与实际问题、与业绩目标的关联性极差，学习的成果流于形式，产生不了任何实际价值。久而久之，领导者自己也会失去学习的兴趣和动力。

2. 重个人轻组织

一些领导者在选择学习内容和方向时，靠自己的兴趣和观点来决定学习内容。或者是拈轻怕重，避开自己的薄弱环节，只从易于改善的环节着手。看似进步显著，但实际上却没能解决紧迫问题和根本问题。

重个人轻组织，以自己为中心的学习方式，即便你制订了完善的学习计划，取得了一定的结果，但是由于忽视了组织的意愿，这些学习成果未必用得上。缺乏个人与组织的对接，对企业和部门没有益处的学习，终归是没有意义和价值的。

3. 重理论轻实践

一些领导者根据企业的发展精神，按照企业的发展要求，致力于学习相应的管理理念、方法和案例，但学习过后却始终处于“纸上谈兵”的状态，根本没有在实际领导工作中进行有效应用。理论知识是死的，每个企业、每个部门都有独一无二的问题，我们只有通过应用、反馈、修正这一系列过程，才能将理论知识转化为提高自身领导力的“秘方”。

重理论轻实践，只会让领导者提高自己的“嘴皮子功夫”，在领导工作中冷眼旁观、夸夸其谈，陷入“眼高手低”的恶性循环，这无助于实际领导力的提升。理论知识正确与否，唯有通过实践才能知晓。

4. 重眼前轻长远

一些领导者在学习过程中仅仅关注了眼前的问题，发现了问题才去急急忙忙地改善，感觉自己做的不错了就怡然自得。领导力的提升过程，不是一个短暂的、碎片化的过程，而是应当贯彻领导者职业生涯始终的长期稳定的过程。

领导力的提升学习，应该是领导者的主动行为，如果只是一味地被动“救火”，不仅领导力提升效果不明显，也无法培养一种好的学习动力和习惯。领导者应当对提升领导力做一个整体的规划，以长远的眼光来执行学习计划。未雨绸缪，提高自身的能力，应对各种还没有产生的问题，而不是等到没有“余粮”才去慌慌张张地“播种”。

5. 重行动轻反思

一些领导者意识到了行动的重要性，但却陷入了另一种极端，即一味地强调行动，追求行动的结果，却不懂得及时放慢脚步或停下脚步对行动进行反思。这种领导者总是以一副“不撞南墙不回头”的气势和决心盲目

前进，其实自己早已经头破血流、伤痕累累，却浑然不觉。

行动很重要，但反思更加重要。忽略了反思的行动，只是一种单环学习，对之后的行动没有丝毫帮助。一次行动的结果，不是我们追求的最终结果，而是为了能让下一次的行动更加顺利，结果更加美满，这才是一个良性发展的循环。仅仅为追求结果而行动，结果好时不懂得总结经验，结果差时也不愿吸取教训，你就只能原地踏步、原地转圈，而无法取得实质性的突破。行动中的反思能让领导者成为终身学习者，使其成为与众不同的杰出人物。

6. 重发展轻匹配

一些领导者在提升领导力的学习中好高骛远，总是希望能实现跳跃式发展，却丝毫没有考虑自身现有的水平和地位，去学习一些自己无法完全理解的、现阶段根本用不上的高端领导知识。这样自己只会是云里雾里，根本学不到实际的内容，自己都无法读懂读透的知识，又何谈灵活运用呢？

所以，在选择学习内容时，领导者应当选择水平恰当，能够学以致用的学习课题，让学习出结果，让结果有成效。“冰冻三尺，非一日之寒”，领导力的学习没有终点，也没有最佳途径。选择适合自己的、适合团队和企业的领导力发展方略，就是最好的方式。

领导力训练的方法和方式很多，不是不经大脑思考随便选择就能取得显著成效的，学习提升领导力，如果没有找对门路，就很容易陷入以上6种误区。清楚地认识企业和自身，根据实际情况，以平和的心态一步一个脚印地学习提升，并及时做出总结和反思，这些才是避免陷入误区，学习提升领导力的正确心得。

第二章
法则 1： 愿景 > 管理

若缺乏工作的愿景，不可能看见成效。

——贺来龙三郎

无论对于个人还是企业，愿景都是必不可少的。愿景是目标、是方向、是标准、是动力、是未来……没有愿景的人，如同行尸走肉，每天只是想方设法地混日子；没有愿景的企业，也缺乏创新的动力、发展的活力，不可能成为一家长寿企业。

管理者是用密不透风的制度去约束员工、约束企业，让其朝着自己期望的方向前行。这样也许不会偏离方向，但是却会缺乏动力、缺乏速度。而领导者，是用美好的愿景去引领员工、推动企业，让员工更快乐地工作，让企业更迅速地成长。

愿景与管理

愿景是一种精神的推动力，是一种未来的感召力。一些领导者总是错误地认为，自己的工作就是“管”好企业、“管”好员工，应当将全部的注意力集中到企业组织架构、规章制度的制定与执行、人员的调配与控制上。固然，以上这些工作对于领导者来说都是很重要的工作，但仅仅如此是不够的。

传统的管理手段在特定的时间和环境下，确实能使员工专注于自己的本职工作，但是不可能始终奏效，尤其在现代企业中更是如此。整个社会在不断进步，人们的需求水平在不断提高。现在大多数人都不再只是单纯地追求温饱，为一份工资而努力。他们想要获得尊重和认可，想要获得能力和地位的提升，更重要的是他们希望自己的工作是有意义、有价值的。而这些，仅靠管理是无法传递的，领导者需要用愿景来引导员工和整个企业。

鲍勃·皮特曼是六旗娱乐公司的CEO（首席执行官），他任职期间，曾接到投诉说游乐园的保洁人员对游客的态度不太友好。皮特曼对此很是重视，他乔装成了一名保洁人员，亲历现场来寻找问题的根源。原来，游乐园的管理者给保洁人员下达的任务是要时刻保持游乐园的干净清洁，但总有一些游客会制造一些垃圾，破坏园内环境，给他们的工作带来了很大的困扰。因此，保洁人员和游客站在了对立面上，总是带着抱怨的心情，自然无法做到热情待客。

实地调查的经历给了皮特曼很大的启发，现有的管理方式无法激发出保洁人员的热情和价值感。于是，皮特曼向负责人下达指示，重新定义保洁人员的工作目标，并非保持园内环境，而是保持游客的愉悦心情。公司的愿景是要带给人们欢乐，而糟糕的园内环境会破坏游客的兴致，所以，保洁人员的工作是营造游乐园欢乐氛围必不可少的一环，应该以轻松友好的态度做好这一工作。

经过此番调整和开导，保洁人员正视了自己的工作，抛却了以往的消极心态，以积极的态度重新投入到了工作中。自此，保洁人员的抱怨少了，游客的投诉也少了。

游乐园的管理者只是尽到了本职的管理工作，他按照规章制度、按照岗位职能为保洁人员派发任务，但却使得保洁人员逐渐边缘化。每一位保洁人员都只是顾着自己眼前的“一亩三分地”，一切影响他们完成任务的因素都成为了他们的“敌人”，其结果就是给游客留下了不愉快的回忆。

而鲍勃·皮特曼则是站在领导者的高度，借助于企业愿景重新定义了保洁人员的工作内容和价值。保洁人员并不是游乐园的边缘人员，而是实现企业愿景不可缺少的一部分。通过这次调整，皮特曼将保洁人员扮演的“小角色”融入到了大的企业愿景之中，使保洁人员认识到了自己的工作价值和意义，找到了自己工作的目标和方向，工作状态大为改观。

美国经济学和金融学教授C. 弗朗西斯说过：“你可以买到一个人的时间，你可以雇一个人到固定的工作岗位，你可以买到按时或按日计算的技术操作，但你买不到热情，你买不到创造性，你买不到全身心的投入，你不得不设法去争取这些。”

身为一个领导者，不能仅仅满足于使自己的下属每天按时上班、按量完成工作、只关注自己的眼前任务，这样无法使他们进步，也无法使组织或整个企业进步。而如果仅仅是抱着完成任务的心态去对待工作，就会陷入被动，被工作和任务“牵着鼻子走”，久而久之，就会滋生一种应付心理，本来能做好的工作也会变得做不好。

员工需要激情，企业也需要动力，而这些，是传统的管理工作无法提供和赋予的。员工需要知道自己的工作有什么价值，能为自己、为企业带来哪些切实的利益，而企业也需要依托愿景来规范前进的道路。无法将愿景融入管理之中，不仅会限制员工的热情和创造力，也会使企业迷失前进的方向，即便是拥有雄厚实力和辉煌历史的企业也不例外。

著名企业可口可乐如今正面临着重重危机，2013 年第二季度的利润再次下滑 4%，连续两年市场表现低迷。而可口可乐董事长却将利润下滑的原因归结为天气问题，在 2012 年，他的理由是整个经济环境衰退导致经营状况低于预期。

不过，可口可乐的危机显然不是全部来源于外部因素。以中国为例，近几年随着消费者健康意识的增强，对碳酸饮料的消费热情显著下滑。面对市场环境变化，可口可乐也希望做出改变，但是与雀巢联手推出的原味系列茶饮没能撼动现有的市场格局。而大力研发推广的果汁系列饮料，更是被连续曝出质量问题，反而给整个可口可乐带来了品牌危机。

2012 年，可口可乐在中国市场的业绩就已经输给了加多宝，让出了多年来霸占的"头把交椅"。为打破现状，可口可乐开始高喊"下乡"运动，结果由于代理体制的束缚，最终的成果并不理想。由于企业臃肿、反应迟缓，可口可乐在一些三、四线城市的市场争夺上也全面落后于自己的主要对手——百事可乐。而对汇源并购的失败和与雀巢的"分手"，更是让可口可乐新产品的研发后继乏力。

一位来自中国的可口可乐前员工表示，自己的离职和薪资待遇无关，而是听到高管的讲话发现，自己在新一年的目标就是多销售一些饮料，这让他感觉自己的工作没有价值、没有前途，于是选择了自主创业。同样，另一位可口可乐的前任高管也表示，由于企业内部层级复杂，官僚作风严重，难以与本土的市场接轨，一些新产品的失败也是必然的。

综合来看，长期满足于饮料市场的霸主地位，缺乏对未来战略的明确规划，忽视了消费者的需求和感受，迷失了企业最根本的愿景，这才是可口可乐陷入泥沼的最根本原因。可口可乐的前员工和前主管的表态也在一定程度上说明了，企业内部现在缺乏愿景的支持，只是形式化地强调业绩，官僚化地进行管理，循规蹈矩般地研发新产品，结果就是人心尽失，员工和消费者都与企业渐行渐远。

所以，即便是一个老牌企业、巨型企业，如果遗忘了愿景、忽略了愿景，只是躺在过去的“功劳簿”上，自以为是地认为只要凭借品牌优势随便怎样运营和管理都能在市场上“翻江倒海”，那么就会历经惨痛的失败。员工不会只因为企业的名气而加入并全身心地奉献，消费者也不会只因为企业的名气而无条件地购买企业的产品。

愿景与管理，对于企业、对于领导者来说都是必不可少的两大要素，缺少了其中一个，企业的竞争力会下降，领导者的领导力会削弱。愿景，终归是要落实到管理才能传达并执行，而管理，则需要愿景的补充和支持。愿景式管理，是打造高效领导力的全新法宝。

愿景＝企业的未来目标＋使命＋核心价值

企业的愿景究竟是什么？企业愿景又称企业宗旨，是对未来的一种憧憬，是企业努力经营想要达到的长期目标。

有些领导者将愿景简单地定义为企业的业绩目标，这是不对的。企业的愿景就如同个人的理想一样，并非简单可以达成的短期目标，而应该是足够远大但又切实可行的一种计划。一个正确完整的企业愿景，通常包含3个方面。

1. 企业的未来目标

这是企业愿景实现的具体指标和物质基础。一个企业，无论愿景多么远大，也必须有具体可执行、可参考的指标，比如销量、市场占有率、利润等，这些也许不会在愿景口号中体现出来，但是领导者必须做到心中有数。

同时，企业的愿景是一个长期的经营目标，并非一朝一夕可以实现的。它需要企业花费几年、几十年甚至上百年，需要几代企业人共同为之奋斗。这样一个远大的目标是很难提前进行量化的，因此需要将其分割为一个个短期目标——年度目标、季度目标、月度目标就是为此而存在的。只有一步一个脚印，不断实现短期目标，才能为未来更远大目标的实现奠定坚实的基础。

2. 使命

企业使命是企业生存与发展的目标定位，是经营理念的哲学定位，同时也是企业品牌的形象定位。

一个伟大的企业必须要有强烈的使命感，赚取利润、追求业绩这种低层次的目标是无法支持一个企业成就伟大的。一个企业必须能为社会、为人类提供无可替代的价值，必须为自己所在领域做出贡献，才能够成就真正的伟大。

企业使命回答的是一系列根本问题：企业的事业是什么？客户需要的是什么？企业如何去满足客户的需求？如何对待股东、员工、客户、社会之间的利益关系？这些问题关系到企业的根基，而企业使命能帮助我们找到答案。

耳熟能详的伟大企业，如西门子、通用、福特、微软……这些企业都显著地改变了整个世界的面貌，改变了人们的生活方式，这就是因为他们的创始人或领导者都有着伟大的使命感，有改变世界的决心和信心。

3. 核心价值

核心价值是一个企业所拥有的，区别于其他企业的，不可替代、最基本、最长久的一种特质。它对于企业的作用在于，让企业明白，自己为什么能够在这个世界、在这个商业市场上生存，客户为什么选择自己而不是其他的竞争对手。只有当企业的核心价值明确的时候，企业才能从各个方面去寻找、培养所需要的核心能力，如核心文化、核心技术、核心产品等。如果没有这些核心能力，企业就无法凝聚足够的市场竞争力。

苹果公司在乔布斯离开的近十年时间里也一度迷失了自己的核心价值，产品线越扩越大，推出了大量新产品，但却没有哪一款能在市场上占据绝对的主导地位。企业的领导层不再是以消费者为核心，以打造完美产品为核心推出精品，而是凭借主观的臆测与跟风，试图以量取胜。迷失了核心价值的苹果也在十年的时间里不断下滑，一度走向了破产边缘。

在企业存亡之际，乔布斯重回苹果，进行了大刀阔斧的改革，停止了

许多不合理的研发和生产，只保留了几种核心产品，将全部力量投入到创新研发中。在乔布斯回归后，苹果出品的重要产品，如 iMac、iPod、iPhone，每一款都取得了巨大的成功，而且影响力至今都没有消退。

品牌固然重要，但是支撑一个品牌的绝非知名度，而是核心价值。失去了核心价值，没有了核心产品的企业，无论以往的成就再高，也会迅速地土崩瓦解。

看一看世界上著名企业的愿景吧。IBM（国际商业机器公司）——无论是一小步，还是一大步，都要带动人类进步；通用电气——以科技和创新改善品质生活；福特——让汽车进入每一个家庭；苹果——让每个人都拥有一台计算机；微软——让计算机放到每一张桌子上，使用着微软的软件……在这些愿景提出之时，许多人都认为是虚无缥缈、天方夜谭，可如今这些愿景都已经得到了一定程度上的实现，或在实现的道路上。而这些企业，不仅成就了自己，也成就了世界。

愿景的能量

愿景是企业的目标和梦想，是企业发展的方向和动力，同时，也是企业价值选择的标准。“不想当将军的士兵不是好士兵”，对于一个企业来说也是一样。没有愿景的士兵，每天听到起床号才懒懒散散地起来，而不是想着每天进步一点、突破一点。没有愿景的企业，注定是平庸的、短命的企业，因为它们会很容易受到眼前利益的诱惑，受到一时成败的影响，从而偏离企业发展的正轨。

有人认为，愿景这个东西太过虚幻，看不见摸不着，根本没有切实的利益来得实在，根本无法产生多大的效用，可事实却并非如此。无数先例表明了愿景总是能为企业、为企业的领导者及员工提供强大的能量，尤其在企业陷入危机或是特殊发展环境时，这种作用就更是明显。

马云的阿里巴巴成立于1999年，刚成立不久就赶上了史上最严重的互联网泡沫破裂，这对于一家刚成立的互联网科技公司来说是致命的打击。绝大多数的客户和投资人，仅仅听到这是一家互联网公司就皱紧了眉头，躲得远远的了。在这种环境下，许多人想到的不是关门大吉，就是立刻转型。但是马云和他的阿里巴巴没有，马云看到了电子商务的广阔前景，明白自己的企业和那些没有内容的泡沫企业是不同的，坚信自己能将市场引领至互联网领域，正是这种愿景的支持，才让马云的阿里巴巴生存并发展了下去，而且没有改变最初的方向。

当企业陷入危机时，整个市场环境都极度不利于企业发展时，仅靠管理的手段是难以生存，难以稳定人心的。如果没有一个坚定不移的愿景，员工会对企业现状产生怀疑，甚至连领导者本人的意志也会动摇，一瞬间的犹豫和放弃会使企业失去之前积累的一切。

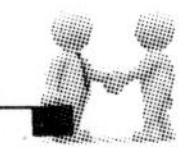

那么，为什么企业愿景能产生这种巨大的能量呢？又是怎样作用于企业发展进程中的方方面面呢？

1. 明确并提升企业存在价值

有人认为，企业的存在价值就是最大化地获取利润。自然，利润对于企业的生存发展是至关重要的，每一个企业都理应也必须去追求利润，但利润绝不是企业存在价值的全部，甚至，它只是处于一个很低的层次。只是为了赚钱而存在的企业，往往会转变为“黑心”企业，最终加速灭亡。

企业家和管理学家通常认为：“企业的存在价值在于它是实现人类社会幸福的手段与工具，是在促进全社会幸福和寻找新的财富来源的过程中创造出来的。”真正优秀的企业，总是在追求创新、追求进步，它们试图给世界、给人类社会带来利益。而这，就是愿景诞生的根源，同时，愿景会进一步规范及强化企业的存在价值。

“重视实际和价值”的 GE（通用电气），“强调人类健康信条”的 J&J（强生公司），“尊重革新和创意”的 3M（明尼苏达矿务及制造公司）……这些理念才是优秀企业的存在价值，才是企业愿景所赋予的。

2. 协调各方利害关系

企业，作为一个由人组成的组织，作为一个在社会中存在的组织，利害关系是无法避免的。企业内部的员工与员工之间，管理者与员工之间，部门与部门之间，总会存在并出现各种利益冲突。企业外部也一样，企业与当地居民之间，企业与政府之间，同样会有各种利益冲突。

而企业愿景，一方面能在企业内部形成合力，朝着共同利益努力；另一方面能规范企业的行为，使之避免与外部的利益摩擦与纷争。比如，一家造纸厂仅仅是强调提高效益，而没有将环保意识融入愿景中，那么必将受到当地居民的抵制，受到当地政府的制裁。

3. 激发员工的价值感和自豪感

每一个企业的运营都是由上上下下各个部门、各个员工共同支撑的，既然企业在招聘时设计了某个岗位，选择了某位员工，那么他们就一定是有用的，一定是对企业有价值的。但是作为员工，却是很难看清楚这种价值的，越是处于下层就越是如此。位于末端的员工难以看清企业的全局，他们并不清楚自己的工作对于企业最终的产品、对于企业的运营和发展到底起到了哪些作用，甚至有些员工都不清楚企业具体是做什么的，这样实在是一种管理上的失败。

一个人如果看不到自己工作的价值，或者是认为自己的工作微不足道，那么就不可能热爱工作，不可能拿出 100% 的热情和能量投入工作。有许多工作，单独看起来也许是无足轻重，但是一旦融入到企业中，成为企业业务流程中的一环，就会具备远超工作内容本身的价值。而要让员工看到这种价值，就要向他们展示并传递企业愿景，让他们明白自己的工作是实现这伟大愿景的一环，从而让他们以自己的工作为豪。

4. 提升企业的危机应对能力

在现代化的竞争条件下，企业要面临的市场环境复杂多变且影响巨大。一个不起眼的市场波动就有可能被互联网、被全球化经济无限放大，从而演变成决定企业存亡的巨大挑战，处理不慎就有可能将企业带到悬崖边缘。

清晰的企业愿景是企业在复杂的竞争环境下应对危机的必要条件和准则，同时能为处于危机中的领导者及员工带来坚定的意志。

首先，愿景能让领导者预见到在发展道路中可能出现的挑战与危机，从而提前做出危机预案；其次，愿景能让领导者在制订危机处理方案时始终立足于企业的根本，从而做出正确的选择，避免决策出现重大失误；最

后，企业愿景能让领导者不会轻易受到眼前利益和一时成败的影响，始终朝着更大的目标前进。有许许多多的企业在面对危机时放弃了当前利益而选择了坚持愿景，最终将危机转化为了更大的机遇。

5. 指明并规范企业的发展方向

企业的现状，是长期以来资金、技术、经验、名气不断积累的成果。一个企业，即便是明确了自己所处的行业，也有无数种发展方向和方式可以选择，而愿景能够始终引导企业资源的投入方向和方式。

有许多新创企业，朝三暮四，始终没能打造出拿得出手的核心业务，在庸庸碌碌中消亡。也有许多老牌企业，由于逐利性，将宝贵的企业利润投入到许多并不擅长和精通的领域中，试图分一杯羹，结果却使自己的核心业务能力不断落于人后，最终一蹶不振。

没有愿景，企业在发展过程中就难免会分散力量，导致经营上出现诸多问题。一些逐利性的投入，也许短期内能取得不错的业绩，但如果与企业长期愿景不一致，这些分散投入就像朝不同方向施力，很难产生向前的动力。

拥有明确愿景的企业，能够主动地对未来作出规划和准备，在市场机会尚未完全显露之前就占据先机。否则，就只能跟着别人的做法亦步亦趋，被动的发展终究要被市场竞争的浪潮所淹没。

6. 增强企业的综合竞争力

企业的运营和发展，离不开各种能力的支持。生产能力、销售能力、研发能力、管理能力等，共同构筑了企业的综合竞争力。

有愿景的企业，会根据愿景规划战略，并提前准备好相应的人才储备、能力培养，始终做到引领市场，而非苦苦追随市场发展的脚步。相反，没有愿景的企业，总在出现问题后才能发现问题，才去设法解决问题，提高企业竞争力，但是这种严重的滞后性往往会使企业无力回天。

综上所述，对于企业来说，愿景并非一种虚无缥缈的事物。也许它无法像固定资产一样为企业带来看得见的收益，但却能提供一种强大的精神能量。愿景，是一种前瞻性、指导性的力量，是企业前进道路上不可或缺的“动力源”，它会使一个企业永远不会满足于现状，它会不断地督促领导者发现企业的缺点和不足，并制定针对性的对策进行能力强化，让企业随时充满十足的战斗力。

愿景式领导的关键特征

不同的领导者有着不同的领导风格，相关研究表明，愿景式领导是一种非常高效的领导方式。愿景式领导者不断提醒员工他们工作中蕴藏的巨大价值，赋予原本平凡单调的工作以美妙宏大的意义，让员工了解企业愿景与自己的最佳利益息息相关，激发员工主动工作、努力工作的能动性。

不过，愿景式领导可不是简简单单地喊几句口号，向员工们不断地灌输“心灵鸡汤”就能胜任的，这样的领导方式是脆弱无力的。真正的愿景式领导，不仅要会“说”，而且还要会“做”。

有两支南极探险队，由挪威人罗阿尔德·阿蒙森和英国人罗伯特·斯科特分别带领并同时向南极点发起冲刺，他们在不同的时间点都完成了各自的挑战开始返程。

阿蒙森制订了周密的返程计划，每天都完成固定的里程数，不因天气良好就多走一些，也不因天气恶劣就少走一些。同时，他还严格地对每日的食品进行分配，保证在到达下一个补给点时队员们不会挨饿。就这样，尽管一路上他们遇到了大风、暴雪，也遭遇了几次物资即将消耗殆尽的困境，但在阿蒙森的不断鼓励和乐观精神的影响下，队员们还是挺了过来。最终，整个探险队无一遇险，全部衣锦还乡。

而斯科特则急于返程，他没有制订计划，总是督促队员们每天尽最大努力行进，也没有提前预测天气状况对行程做出适当的调整。后来，他们不幸地遭遇了一场特大暴风雪，探险队物资逐渐耗尽，队员们饥寒交迫。尽管斯科特不停地激励队员们就快到达补给点了，但队员们还是被绝望情绪笼罩。在坚持了两个多月后，队员们陆续倒下，最终全军覆没。

这是发生在1912年的一段南极早期探险的伟大故事，尽管两支队伍都值得人们尊敬，但是全部生还和全军覆没两种截然不同的结局还是能引发人们的许多深思。毫无疑问，两支队伍都有着明确且伟大的愿景。但是，阿蒙森用自己的知识、经验去制订计划，靠计划去落实愿景。而斯科特则只是凭借着冲劲和意志去实现愿景，最终被残酷的现实所击败。

提出愿景固然重要，但更重要的是领导者是否具备实现愿景的能力。员工不会只因为你的口号响亮就忠心跟随，企业也不会因为口号响亮就能蓬勃发展。身为愿景式领导者，首先要培养自己的能力，强化自己的意识。

一个真正的愿景式领导者，要能够清晰地展现出以下6点关键特征。

1. 分析决断

分析决断能力是所有领导者都不可或缺的、最基本的素质。一个领导者可以不必对企业内部的所有环节都了解得十分透彻，但是必须清楚，什么是企业所需要的，要能在“十字路口”中毫不犹豫地做出决断。每个人的专业领域、知识储备都有一定的局限性，企业的发展需要由各个不同专业的人组成的团队共同努力。而领导者最重要的工作，就是分析企业现状，分析不同的发展路线，从而做出最恰当的选择。

2. 学习总结

学习总结代表着一种积极进取的心态，是领导者主动积累经验、积极把握规律的一种体现。愿景式领导者不仅要从竞争对手、业务伙伴、行业内的成功者与失败者身上学习总结，还要发动企业内部各个层级、各个部门之间互帮互学，总结经验，将学习总结打造成个人的一种习惯，企业的

一种文化。

3. 机会意识

无论是个人的成功还是企业的成功，都需要一定的发展机会。面对机会，如果领导者只是犹豫不决，想看清楚其他人或其他企业是如何利用机会后才去行动，就只能永远成为模仿者和追随者。领导者要乐于发掘机会，敢于抓住机会，机会意识是一种独到的眼光与判断，也是一种追求创新、勇于开拓的精神。

4. 战略前瞻

愿景式领导者无一例外都是具有前瞻意识的。正是因为他们看得比其他人远，采取行动比其他人早，才为企业赢得了最佳的发展时机和环境。面对突如其来的危机和变故，企业能够更灵活、更从容地应对，从而在市场竞争中具备更强大的生命力。领导者的前瞻意识必须是具备战略性的，只有以企业的长远战略作为立足点，前瞻工作才不会无用或是产生负面作用。

5. 勤奋务实

愿景式领导者不能只是虚谈梦想，更要强调实干。再美好的愿景，如果不能细化为企业的指标、业绩等具体数据，不能根据具体的执行计划去一点一滴、坚持不懈地去落实，那么梦想永远不会照进现实。领导者首先要具备勤奋务实的态度，以自己为榜样带动整个团队，打造出一支勤奋敬业、少说多做的优秀团队。

6. 关注现实

愿景式领导者不能只将眼光局限在企业内部，还要能根据外部环境的变化调整经营方略。企业所处的环境是十分复杂的，政治、经济、文化、民俗、市场等因素都会对企业经营产生深刻的影响，但却又无法干预或控制市场。所以，这就要求领导者时刻关注，及时发现变化并做出预案，将不利影响消除或降低，将有利影响发挥出最大功效。

个人愿景与共同愿景

个人愿景是员工个人的职业生涯规划，是员工在企业内部追求的薪资、职位、技能的集合体。共同愿景即是企业的愿景，是企业全体成员为之奋斗的终极目标和方向。不过，在不加以引导和管理的情况下，个人愿景和共同愿景难免会发生冲突。

个人愿景是每一个员工主观的愿望，他们在设计愿景时，可能没有考虑到实际情况，或是对实际情况分析不到位导致愿景与现实脱节。即便是符合实际情况，但每个人的见识、经历、心态都有着巨大差距，从而导致个人愿景设计参差不齐，这就难以与共同愿景形成统一。

共同愿景的制定则面临着一个更复杂的环境，市场、客户、利润、品牌，这些都是共同愿景制定过程中需要考虑的问题。而且共同愿景一旦确立后就不应该随意地更换，俗话说，常立志不如立长志，如果一个企业的共同愿景三天两头地更换，就会失去权威性。同时，共同愿景肩负着指引企业前行的重任，对于企业存亡发展至关重要。

所以，一些领导者为了确保集体利益，为了保证企业的迅速发展，就试图用共同愿景去压制个人愿景，让员工为企业利益作出牺牲，其结果往往是引来全体员工的反感和对抗。

个人愿景和共同愿景并非是不可调和的关系，两者可以摆脱相互对立的立场，走上相互促进、携手共赢的道路。而实现这一点，关键就在于坚持一个原则——求同存异。

第二次世界大战结束后，世界范围内掀起了民族独立的浪潮，长期以来饱受压迫的亚非国家通过革命、起义、抗争等方式，走上了建立独立国家的道路。由于殖民主义、帝国主义的长期剥削与破坏，这些第三世界国家在独立后仍旧存在许多问题。于是，这些有着相似命运，面临着相似任务的国家决定相互交流经验，加强相互之间的团结互助，万隆会议就是在这种环境下隆重召开的。

不过，由于不同国家之间民族文化乃至社会形态的巨大差异，再加上美苏两大冷战势力所带来的影响，很快就出现了许多不同的声音相互争吵、诋毁，整个会议陷入了僵局。就在此时，我国的周恩来总理做出了以“求同存异”为主题的著名演说。提出第三世界的国家可以坚持完全不同的政治、文化、思想，但是共同发展、迈向富强的愿望应当是一致的。

“求同存异”这一方针的提出促进了万隆会议的顺利进行，通过了包括经济合作、文化合作、人权、附属地问题解决的基本原则，使第三世界国家之间得以真诚合作、和平发展。

作为一种最庞大、最复杂的组织形态，国家之间都能够在分歧巨大的环境下协调一致，那么企业之中个人愿景和共同愿景的统一，又有什么不可能的呢?

对于个人愿景和共同愿景的协调，领导者应当按照求同存异的方针，通过以下几个步骤去处理。

1. 共同愿景应当建立在个人愿景的基础之上

共同愿景是企业全体的共同意志，而不是领导者或是企业所有者凭空设计出的一种主观愿望。如果共同愿景与个人愿景完全脱节，那么就难以得到员工的认同，这样的愿景对于员工来说是空洞的，是与自己的价值观相背离的。

当然，共同愿景也不是员工个人愿景的简单相加。在了解员工个人愿景之后，要提取出其与企业文化、与企业发展目标有联系的成分，通过这

种共性的不断积累，形成一个完整的、丰满的共同愿景。这样的共同愿景，对于员工来说才是有认同感的，才是有激励作用的。

2. 用共同愿景去指导个人愿景

在共同愿景确立后，领导者要运用共同愿景去引导员工个人愿景的制定与修正。当员工个人愿景不符合企业发展思想，不符合企业发展现状时，要让员工根据现实状况对个人职业生涯规划做出必要的更改。

不过，领导者不能强硬地要求员工变更愿景，而是应当用引导的方式让员工发现不妥之处。首先，要向员工阐述及解释共同愿景。其次，要寻问他们为实现个人愿景有什么具体计划，因为许多人在制定愿景时都是凭一时想象而没有计划性。最后，可以指出他们计划中的不足与漏洞，让他们发现自己最初的愿景缺乏可行性，主动地进行调整。

3. 个人愿景要为共同愿景服务，共同愿景要有助于个人愿景的实现

当个人愿景与共同愿景发生冲突时，领导者要能正确地引导员工优先保障企业的利益。企业是员工发展的平台，如果平台散架了，那么员工的个人发展、个人愿景的实现也就无从谈起。一时的让步也许会让员工个人蒙受一些损失，但从长远看来，企业的蓬勃发展能为员工带来更大的利益，提供更好的环境与条件。

随着共同愿景的实现，企业实力的增强、规模的扩大，要为员工个人愿景的实现带来显而易见的帮助与成效。这并不是简单地说句“企业发展好了，你们的待遇也会更好”就可以的，而是要用实际行动去证明。企业在赢得一个阶段的发展成果后，要让员工也享受到发展的成果，如提高薪资、完善福利待遇、提供更好的教育培训等。当员工的个人愿景有了更好的实现条件后，他们会更自信、更热情、更主动地协调个人愿景与共同愿景。

个人愿景与共同愿景，不应当也绝不能是相互背离的。为个人愿景去损害共同愿景，或是用共同愿景去控制个人愿景，都是不正确的做法。身为愿景式领导者，要发掘并培养两者之间的共性，形成前进发展的合力，相互促进，相互成就。做到共同愿景中包含了个人愿景，当共同愿景得以实现的时候，个人愿景也得到实现；个人愿景得到实现时，共同愿景也随之实现。

描述与倾听：愿景的有效传递

明确愿景之后，接下来就要将愿景有效地传递给企业全体员工，将该愿景融入到员工的工作中，融入到员工的思想中。如果愿景无法切实地传递给员工，让员工理解和认同，那么这个愿景终究只能沦为高高在上的口号，而无法产生任何实质性的影响。

描述与倾听，这是有效传递愿景的最基本同时也是最有效的方式。这其中，有许多值得领导者学习的内容。

一个有效的愿景描述方法就是将愿景打造为一个美妙的故事。杰克·韦尔奇说过："向员工讲故事是领导者无法回避的问题。人都有情绪，光拿数据和事实说话不容易打动别人，带有情感的内容可以打动听众，而富有情节的故事是最有情感的。"这一点，连韦尔奇自己也不例外。

密歇根商学院的教授——诺埃尔·蒂奇，为了说服当时的通用电气总裁杰克·韦尔奇打造一个领导力发展中心，采取了一种很有创意的做法：蒂奇假设在该中心成立两年后，《纽约时报》的记者采访他，询问其发展状况，而蒂奇就以这个记者的口吻，写了一篇关于未来的领导力发展中心的报道，交给了韦尔奇。

韦尔奇看到后，发现报道中描述的内容和自己想象中的理想状况非常相似，于是两人一拍即合，这篇虚拟的报道就成了两人合作的起点。这个建立并发展起来的领导力发展中心，就成了日后大名鼎鼎的克劳顿学院。

蒂奇所写的这篇报道虽然是虚拟的，但确确实实描绘了一个美好的愿景。如果当初蒂奇不是用这种讲故事的方式与韦尔奇沟通，而只是去阐述克劳顿学院的价值、意义等内容，韦尔奇可能不会立刻就做出合作的决断。这和愿景是一样的，尽管在现阶段还不是现实，但却是值得为之付出努力与投入的目标，如何将这个目标描述得深入人心，引发员工共鸣，是领导者需要修炼的一项重要技能。

描述是一项技能，而倾听就是一种态度。身为领导者，对于任何事都不可能做到十全十美，愿景的传递工作也是一样。在愿景的传递过程中，难免会出现信息沟通不畅、思想传达不到位、员工理解出现歧义等情况，这就会使愿景传递的效果大打折扣。

当出现了以上不良状况时，就要及时做出纠正，一旦一种错误的思想蔓延并形成，想要再次做出修正难度会更大。及时地纠正需要第一时间去发现，这就需要领导者学会随时倾听，听一听部门中的声音，听一听员工之间的声音，来判断自己所描述的愿景是否有效、准确地传递到位了。

在倾听的过程中，领导者不能只是坐等声音出现，还要会制造声音，主动去倾听。比如，适时地组织会议，了解愿景传递状况，了解愿景对员工的思想与行动带来了哪些影响，等等。主动倾听，能够让领导者更快更全面地发现问题。

优秀的领导者，不仅要勤于倾听，还要善于倾听。要想成为一个杰出的倾听者，需做到以下 3 点。

1. 微笑倾听

微笑倾听就是让表达者勇敢地说出自己的真实意见，而不会有所顾虑。尤其对于愿景传递这种难以量化的工作，领导者不应以听取工作汇报一样的态度去倾听，而是应该以一种随和平稳的沟通态度去鼓励员工说出自己的真实想法。

2. 包容倾听

包容倾听就是允许不同的声音出现，面对不同的观点能够冷静地分析思考，而不是盲目地反驳与批评。倾听的根本目的就是发现工作中的不足，来进行指导与修正，如果领导者不能以一种强大的包容心去对待发言者，那么员工就不敢发出真实的声音，这就与最初的目的背道而驰了。

3. 高效倾听

高效倾听就是不仅倾听语言内容，同时还能理解非语言性的信息。发言者的语调变化、语速、表情神态、肢体动作都隐藏着一定的含义，在倾听内容的同时捕捉这些隐藏信息，有助于领导者更快、更准确地了解把握员工的真实意见。

描述，是愿景传递的手段；倾听，是检验传递效果的方法。两种方式相结合，才能制订出愿景传递方案，修正愿景传递方案，从而达成愿景有效传递这一目标。

激活愿景：将愿景内化为组织的领导力

愿景是一种非强制性的精神力量，如果领导者只是将愿景挂在嘴边，而没有将其融入到企业管理、产品研发与生产、市场营销、人才储备等与企业发展密切相关的环节中去，就无法将愿景能量转化为实实在在的领导力。这样只是成为了一个夸夸其谈的梦想家，而不是一个卓越的愿景式领导者。

说到卓越的愿景式领导者，我们第一个想到的往往就是史蒂夫·乔布斯。乔布斯不仅善于提出愿景、描绘愿景，让员工和消费者都为之神往。更关键的是，他将自己提出的愿景一一化为了现实，这才是他卓越领导力的最佳体现。

一位优秀的程序设计员——布鲁斯·霍恩，某天接到了乔布斯本人打来的电话，“布鲁斯，我是乔布斯，你觉得苹果公司怎么样?”

“非常棒，但很抱歉，我已经接受了其他公司的职位。”布鲁斯答道。

“别管它！明早9点你来我们公司，我有许多东西要给你看，你一定要来!”

第二天，布鲁斯抱着应付的心理来到苹果公司准备走走过场，但乔布斯的表现却彻底征服了他。乔布斯召集了整个Mac电脑的团队，向布鲁斯进行了整整两天的展示，不仅仅是设想，包括产品计划、营销计划等，都事无巨细地展现在了布鲁斯的面前。布鲁斯从中看到了自己所期望的未来，于是他回绝了之前那家邀请他的公司，加入了苹果的团队。

布鲁斯的经历只是一个个案，事实上，许多乔布斯看上的人才都没能

在他的挖墙脚行动中“幸存”。问起这些人当初为什么愿意加入苹果，他们的回答往往是：“你无法拒绝这样美丽的梦，尤其是这个梦看起来唾手可得。”

乔布斯并非只是虚谈愿景，他更是一个实干家，具备将愿景化为现实的卓越能力。人才不会简单地因为领导者精彩的愿景描述就被折服，但当他们看到一个切实可行的计划时，不可能不动心。用敏锐的眼光发现商机，用活跃的思维设计产品，用严谨的态度制订计划，用精彩的演说聚集人才，这所有一切的综合，才成就了乔布斯的卓越领导力。

要将愿景内化为组织的领导力，关键就在于企业的火车头——领导者的决策和行为。企业的领导者，可以从以下4个方向发挥愿景的现实作用，打造出一股强大的领导力。

1. 以身作则，主动寻求挑战

愿景本身就是一项挑战，是将现在看似不可能达成的事情通过奋斗变为现实。这不仅需要智慧，更需要敢于打破常规、挑战传统的勇气。所以，领导者必须具备勇于挑战、乐于挑战，起到榜样作用。这样，员工们做起事来才不会缩手缩脚，才能在思想上强大起来。

2. 思路清晰，行动果敢

身为领导者，要始终保持一个清醒的头脑，明确目标，带领员工们向着愿景的方向前进。如果领导者自身迷失了方向，整个企业会随之走上发展歧途。领导者在面临选择时，要立足于企业愿景，果断地选择对实现愿景更有利的道路，而不能因为舆论压力就犹豫不决，违背自己的初衷。

3. 营造一个创新环境

愿景的一个主要作用就是最大限度地激发出员工的创造力，所以领导者有义务去创造一个有利于员工自主发挥的创新环境。在当今互联网时代，无论是科技企业还是非科技企业，都需要不断地创新。创新的脚步停止了，企业发展的脚步也就停止了。

一些刚刚来到 Facebook（脸谱）工作的新员工常常会产生一种疑惑，因为来到办公室，面对一台电脑，没有任何人来进行说明，或是下发任务。如果新员工主动问起，那么老员工就会告诉他，在 Facebook，没有人会要求你做什么或教你做什么，你需要自己找事做，需要做自己想要去实现的事。正是这种开放式的、全面支持创新的制度和文化，使得 Facebook 成为有史以来增长速度最快的公司之一，以极短的时间实现了愿景。

4. 给予下属足够的空间

身为领导者，要以包容的态度为下属创造充足的空间，包括犯错误、成长、言论自由、发泄不满等各个方面。企业是由人组成的团队，作为个人，难免会在工作中出现错误，难免会出现思想上的冲突。

如果领导者只是一味地去责备下属的错误，压制下属的不满，那么必然无法赢得下属的心。而且，这些负面情绪会转化为“毒素”不断累积，最终危害到企业“健康”。一个真正的愿景式领导者，能够容忍下属的非原则性错误，给予他们改正的机会；总是能够听取不同的声音，真诚地与下属交流。

以上四点，就是将愿景打造为领导力的实用法则。只要做到了这些，愿景就不会成为简单的语言，而是会化为领导者的独特魅力，吸引员工追随，引领员工奋斗。

员工对愿景认同的7个层次

将愿景内容传递给员工并非愿景领导工作的终点，还需要让员工理解愿景、认同愿景，只有认同，员工才会将愿景融入自己的实际工作，才能通过愿景使整个企业产生质的变化。

任何一种思想，想要获得所有人的认同都不是一件容易的事。对于企业愿景而言，更是不能以获取员工口头上的支持作为目标，而是要做到真正走进员工的心里。

根据员工对企业愿景的认同程度的不同，由低到高可以分为7个层次。

1. 冷漠

最令领导者头疼的，不是员工反对愿景，而是对愿景漠不关心。员工反对愿景，可能是由于误解或是利益冲突，仍有引导和调整的余地。但如果员工心中对愿景充满漠视，认为有愿景和没有愿景没什么区别，那么愿景就形同虚设了。面对冷漠的员工，领导者要多做思想工作，从个人愿景着手，让他们认识到愿景的重要性，然后再进一步灌输企业愿景。

2. 不认同

对企业愿景不认同的员工，可能是由于企业愿景与自己的期望相背离，或者是认为企业愿景不切实际，因此不愿意去执行，而是以反对和消极怠工宣泄自己的不满情绪。这类员工可能会对企业团结带来恶劣的影响，领导者应当主动约谈，了解员工抵制企业愿景的原因，并向其展示企业愿景的可行性，或是让员工看到企业愿景的实现和其的个人利益是息息相关的，以此来进行正确的引导。

3. 勉强认同

对企业愿景勉强认同的员工，基本还是持有反对意见的，但是他又不想丢了自己的饭碗，于是阳奉阴违地表示认同企业愿景，但实际上还是以应付的心态去对待工作，而没有想着为实现愿景发挥出更大的能量。面对这类员工，领导者就不能以高压态度去灌输愿景，而是要以包容的心态听取他们的真心，并引导他们制定属于自己的个人愿景，将个人愿景与企业愿景结合起来，通过树立信心让他们去认同企业愿景。

4. 适度认同

对愿景适度认同的员工，大体上回应了企业的期待，理解了企业的诉求，但他们仍旧在一些小方面固执己见。企业是一个共同奋斗的整体，如果每位员工都像这样坚持自己个人的观点而无视整个企业的行动精神，照着自己的步调行动，就无法形成一个有高度凝聚力的团队。面对这种情况，领导者要统一思想，以团队去引导个人，将集体意识灌输到员工的大脑中，促使他们抛弃自己的片面与偏见。

5. 真正认同

对愿景真正认同的员工，已经是一位合格的“企业人”了，他们面对企业下达的任务和指标能够做到有求必应，能够迅速理解企业决策的目的和精神，回应企业的期待。领导人对这类员工要进一步用企业文化去感染他们，让他们进一步融入企业，成为同企业兴衰与共的一分子。

6. 投入

能够对企业愿景投入的员工，不仅会接受企业下达的指示，还会在自己的能力与精神范围内主动地做比企业要求更多的事，超额完成企业的期

待。领导者对这类优秀员工，要以鼓励为主，督促为辅，让他们体会到自己的付出是有切实回报的，从而使其坚持并强化自己的工作状态和行为作风。

7. 奉献

对企业愿景认同的最高境界就是，能做到衷心地为了愿景的实现而努力奉献。为愿景而奉献的员工，不会过多地计较个人得失，他们充满了热情，具备更强大的主动性，甚至能激发出自己能力和精神上的潜能，让自己变得更好，让企业变得更强。这类员工，就是企业最为需要的核心员工，领导者要认识到这类员工对于企业发展的重要性，多加关注，予以重用，将他们培养成企业的中枢骨干。

员工对于愿景的认同，并非一道关于“是”或“否”的选择题，而是有着更为复杂的层次关系。处于不同的认同层次的员工有着各不相同的缘由，有着各不相同的思想状态，这就需要领导者运用不同的方法去开导处于不同层次的员工，引导他们的思想走向更高的愿景认同。营造一个“人人为企业，企业为人人”的愿景氛围，是愿景认同的终极目标。

克服愿景实践中的障碍

企业的发展道路不可能总是一帆风顺的，同样，愿景在实践过程中也不可能是畅通无阻的，在复杂的商业环境和企业经营中，总会出现各种各样的主观或客观因素阻碍企业愿景的实现。

从大的方面来说，任何不利于企业经营发展的因素都是愿景实现的障碍，企业无法壮大、前进，愿景自然不可能实现。但是，对于这些客观因素的影响，企业领导者只能通过预测、回避、消除来克服这些障碍，无法完完全全地避免或控制。

领导者应当将更多的精力放在解决企业内部的影响因素中去，只有企业内部稳固了，实力增强了，才能更好地克服各类形形色色的障碍。通常情况下，企业内部最易出现以下 3 种情况给愿景的实践过程带来影响。

1. 只有自上而下的命令，没有自下而上的领导

愿景并非死板的管理，如果只是以下达命令、完成任务的姿态去督促愿景的实践，就容易激起员工的不满情绪。即便员工没有反对，但是已经完全量化为任务愿景是不可能激发出员工的创造力和行动力的。

愿景是一个自上而下的传递过程，但同时也是一个自下而上的实现过程。必须要从企业的最基层开始，带领员工自发地为愿景而奋斗，愿景实践才是一个有动力的、良性的过程。愿景实践是一种思想、一种精神，而非一个单纯的任务。

2. 愿景或愿景规划天马行空，脱离现实

一些企业的愿景实践缺乏计划性，或者是愿景本身不切实际，员工就

会认为企业愿景只是“画饼充饥”，只是不可能实现的妄想，那么他们自然不会产生热情，不会心甘情愿地为之奋斗，愿景自然不可能实现。

愿景本身要远大但不能太过天方夜谭，愿景规划也要立足于现实，而不能仅凭领导者个人的主观愿望去制定或描述，缺乏科学依据的愿景或愿景规划会让员工产生失落感，只能起到负面作用。

3. 深陷细枝末节，忽略了长远的目标

想要实现远大的愿景，就必须要关注短期的现实目标。企业经营是一个非常复杂的过程，稍有失误就有可能一溃千里，企业如果无法生存，又何谈实现愿景呢？所以，许多领导者在工作中谨小慎微，将亏损视为最大敌人，将自己的全部精力投入到客户管理、产品研发、市场营销中去。但结果反而被这些问题牵着鼻子走，为了赢利而赢利，反而迷失了企业愿景。

企业的经营细节自然需要由领导者去关注，但如果因为追求短期利益而损害了长远利益，那么就只是一个失败的领导者。历史中有无数原本强盛的企业因为追求眼前利益，因为盲目转型而衰落，这是一种愿景实践的失败。

针对以上愿景实践中的障碍，企业领导者要制定相应的策略，采取正确的行动去克服，以保证愿景实践的顺利进行。

1. 用制度规范愿景，用文化引领愿景

将愿景以企业制度的形式确立下来，并通过具体的细则将员工的行为向愿景实践中靠拢。同时，展开培训、辅导、监督、评估等一系列工作，引导、激励、约束员工的思想和行为。领导者还要营造出一种团结、奋斗、勇于拼搏、敢于创新的企业文化，以文化对员工产生更深刻的影响，增强他们实现愿景的自发性。

2. 审时度势地检视愿景及其规划，做出必要的修正

在没有遭遇巨大市场变故的前提下，企业应当至少每5年重新审视一下企业愿景，看其是否还符合企业现状，是否还能带来巨大的行动力。如果答案是否定的，领导者就要将该愿景调整或深化，使其立足于现实，展望未来。

同时，对于愿景的实践规划，应当每年进行一次审查和集中讨论，根据企业现有的生产能力、市场占有率等硬性指标来调整愿景实践规划，使企业始终处于现阶段能够达到的最高运转速度。

3. 将阶段性的成功转化为动力，激励员工前进

如果企业刚刚达成了一个重要的里程碑，比如，研发出了某款新产品、完成了某个新项目、签下了某个新合约等，都可以将之作为一种精神力量在企业内部进行宣传。一方面，让企业全体员工分享成功的喜悦；另一方面，让员工清楚地看到企业正在一步步地实现愿景。

对于成功的分享一定要快，要在企业刚刚完成既定目标后就对员工进行鼓舞。时间过得越久，员工对于成功的感受力就越小，就越是不容易受到鼓舞从而获取更大的动力。

4. 面临企业重大决策时，始终以愿景作为判断立足点

当企业来到发展的分叉口时，面临诸如是否研发某个新产品、是否进军某个新领域、是否转型等重大抉择时，领导者不能简简单单地以是否有利可图作为判断的唯一标准。更重要的是，领导者要去考虑这项决策是否对企业愿景的实现有利。

每个领域，哪怕是相关联的领域都需要截然不同的能力和经验，这对于企业是一项重大的考验。企业的资源是有限的，研发新产品、进军新领

域需要大量的投资，这就必然会使企业在物质和精神上产生分离。如果这项新的发展决议不能使企业的核心业务更好地成长，那就会对企业的核心价值带来各种直接或间接的损害。

反思与行动：根据企业和环境变化调整愿景

企业的愿景需要长远且稳固，但这并不代表企业愿景就是一成不变的。愿景是对未来场景的一种描述、一种期望，这种预期出现偏差也是十分正常的，需要领导者根据现实的具体状况果断地做出调整。

企业的壮大、科技的进步，可能会让愿景提前实现，也许该愿景是由企业亲身实现的，也许是由整个行业或领域共同实现的。不管怎样，既然愿景业已实现，那么企业就需要寻找一个全新的愿景。

索尼公司成立于第二次世界大战后的日本东京，当时的东京满目疮痍、百废俱兴，再加上美国等西方国家大量新式产品的输入，整个民族都陷入了自卑与悲观的情绪中。在这种背景下，索尼的创始人，井深大和盛田昭夫，毫不犹豫地确立了企业的愿景——生产优质创新的产品，改变日本产品在世界范围内的劣质形象。

在愿景的激励下，索尼的全体员工不辞辛苦、不计酬劳，将全部的精力和创造力都奉献了出来。经过几十年的经营，第一台半导体收音机、第一台半导体电视、第一台家用录影机等一批创新产品的陆续问世，使得索尼名声大噪。索尼不仅在日本国内，连作为最大的学习对象和竞争对手的美国国内，都成为了一种高端的知名品牌。

最初的愿景已经实现，已经发展为巨型企业的索尼在创新之路上的前进速度也明显放缓。为了刺激企业再次焕发出创新活力，索尼领导人重新调整了企业愿景——带给人们最新最好的生活方式和娱乐享受。在新愿景的激励下，索尼向电脑、手机、游戏等多个领域发起了挑战，新的发展任务给企业带来了新的目标和动力。

索尼最初的企业愿景是在一个特殊的年代和背景中提出的，也许现在看来，“改变劣质产品形象”这个愿景并非那么宏大或不可想象，但在当时却是索尼人最迫切的目标和希望。后来索尼成为了全球知名企业，这个愿景也就不再适应企业现状，如果不提出新的愿景，企业必定会陷入倦怠。于是，“提供最新最好的生活方式和娱乐享受”这个立足于创新的全新愿景适时地提出，给索尼在新时代的发展指明了方向。

愿景的实现对于企业来说是一件可喜可贺的事情，但这不代表企业使命的终结，企业需要重新发掘出存续意义，这世上总有无尽的目标要以企业的力量去追求、去达成。

大环境的变化也会对企业愿景的调整带来显著的影响，企业不能只是按照自己的步调前进，如果企业的发展速度赶不上整个领域的发展速度，那么就会不断趋于落后并被淘汰。

谷歌是一家在1998年创建的新兴互联网科技公司，在成立之初，谷歌的愿景是致力于创建有用的、快速的、简单的、有吸引力的、值得信赖的、个性化的应用。这一愿景在当时是符合互联网发展规律的一种全新的产品设计思想。

不过，在十几年间，互联网的普及和发展速度超出了所有人的预想，互联网的主战场由传统的电脑平台转移到了移动平台，谷歌当初提出的愿景如今已经成为许多科技公司设计产品的标准。

为了能在这个科技日新月异的时代中更好地引领市场潮流，谷歌提出了全新的愿景——通过智能设备安排人类的未来生活。在新愿景的指导下，谷歌在2013年发布了Chrome Pixel笔记本、谷歌眼镜和无人驾驶汽车等项目，一举抢走了苹果的风头，也改变了企业在公众心中的形象。

谷歌的一些项目尚未脱离理论阶段，比如谷歌眼镜和无人驾驶汽车，离普及化和实用化还有很大的距离，但是这些新产品和新技术仍然让消费者、让市场为之兴奋。可以预见，一旦这些新创意实现商业化，将会引发巨大的市场反响。

谷歌是个仅存续了十几年的年轻企业，但由于身处互联网这个高速发展的领域，企业已经几经沉浮。最初，谷歌是一个活力满满的互联网生力军，后来由于众多竞争对手的崛起或冲击，谷歌逐渐流于平庸，再加上“大企业病”的影响，其在消费者心中留下了“想法不错但行动笨拙”的形象。在这种大环境下，谷歌的领导人立足于智能化生活调整了愿景。一系列“未来化”产品的公布让消费者感觉到谷歌又成为了一家“精干、专注、随时准备迎接未来”的科技巨头。

企业的愿景不是始终不变的，企业的规模变化、发展阶段变化，愿景的实现状况，企业所处领域的发展变化，乃至政策法规、风俗习惯、思维方式的变化等，都会对现有的企业愿景带来巨大冲击，使其产生不适感。这时，就需要领导者根据这些巨变，立足于未来去调整愿景，将企业引领至一个新的高度。

第三章
法则2： 信念>指标

信念是抱着坚定不移的希望与信赖，奔赴伟大荣誉之路的热烈感情。

——卢　梭

利润是企业生存与发展的血液，所以有无数的领导者视指标为一切，将指标作为推动下属工作的主要工具，将完成指标作为自己工作的最大目标。

指标是企业利润产生的源泉，自然有着不可忽视的重要性。但是，一个只是为了指标而采取行动的团队或企业，只会是一台冷冰冰的机械，准确地完成着各种既定的程序，但却难以取得突破和创新。久而久之，机械老化生锈，自然也就被淘汰了。

指标无法让员工和企业焕发出活力，这只是一种被动的挣扎。唯有信念，才能激起员工满腔的热血，投入到企业的终极目标之中。对企业而言，指标固然重要，但树立克服万难、势必达成指标的信念更加重要，因为它是实现指标的重要基石。

信念与指标

每一个企业的领导者都应该树立一个坚定的信念，并且始终恪守该信念，以信念去领导下属，而不能只是片面地追求数字上的业绩和指标，或者总是关注眼前利益、短期利益，而忽视信念的作用和影响。重指标而轻信念，你的团队或企业可能会在一段时间内获取令人满意的成绩，但却难以维持长久的发展动力，而且还极易偏离长远目标。

指标对于一个企业来说有着很重要的作用，例如，产品研发和生产需要指标，如果达不到既定的性能指标，你的产品就很难有竞争力，消费者也不会买账。企业的日常运营需要指标，需要靠指标指导员工在规定的时间内完成规定的任务，如果执行有所滞后，企业的前进就会放缓，在竞争中就会处于劣势。

尽管指标是一个如此重要的影响因素，但也不代表领导者要完全将指标作为指导力量，一切围绕着指标行动。完成既定的指标，可以让你成为一个合格的领导者，可以让你的企业处于一个比较安稳的状态，但却很难打造出有创造力的产品和团队，无法达到在市场上呼风唤雨的绝对地位。

卓越的领导者和优秀的企业，是以坚定不移的信念去指导行动，从而达成甚至超越既定指标，而不是用指标去指导行动，一直被限制在固定的条条框框中。

乔布斯是一位以信念采取行动而非以指标采取行动的领导者，他在提出及设计苹果的新产品时，始终坚持追求完美、追求创新的信念，而不是按照某种固定的指标去设计产品。所以，乔布斯在位时，苹果的产品总是能让消费者耳目一新，大呼不可思议。

苹果在研发麦金塔电脑时，乔布斯曾明确要求一位设计师在设计麦金塔电脑时，不能有一颗螺丝钉裸露在外面。然而，在设计时，那个严格来说还算优秀的设计师将一颗螺丝钉藏在了一个把手的下面，这让乔布斯大为震怒。很快，这名设计师就被乔布斯扫地出门。

如果换一家企业，或者是换一位领导人，很有可能会容忍这位设计师看似微不足道的错误，因为这一颗螺丝钉并未给产品的指标带来实质性的影响。但乔布斯的信念是追求完美，不仅在性能上，外观上也是同样，所以，不能出现一点差池，更何况是自己反复强调的事情。在乔布斯看来，这名设计师并非能力不足，而是在思想和行动上没能做到与企业的价值观融为一体，违背了最根本的信念。

苹果的许多创新产品，在市场上都没有先例，甚至没有与之相似的产品。这就代表，产品的一切都没有可供参考或模仿的指标，一切都需要自行摸索。而判断的依据，就是领导者和企业所坚守的信念。

比如，乔布斯发起设计的 iPhone，将手机的屏幕规格确定在 3.5 英寸，这个标准一直沿用到乔布斯最后设计的 iPhone 4。之所以选择 3.5 英寸，并不是因为有数据显示消费者最喜欢这种大小的屏幕，也不是因为这样能发挥手机的最佳性能。而是因为乔布斯经过多方考察，发现 3.5 英寸大小的屏幕足够适应人们进行看视频、玩游戏等需求，同时能够轻松地装进口袋中，这与乔布斯提供最佳的用户体验的信念是一致的，因此才做出了这项决定。

一味地坚守指标的领导者和企业很难打破平庸，只有以饱含信念的思想和行动，才能突破自身的极限，才能超越消费者的想象。实现创新和投入了多少资金并不是成正比的关系，在 2006—2009 年苹果重回巅峰的几年间，苹果用于技术研发的费用仅有 46 亿美元，而看似波澜不惊的微软却投入了惊人的 310 亿美元。可最终的结果呢，苹果的产品反而给人们留下了

更深的创新感觉。

在产品的研发与生产之外，信念对于企业整体的运营和发展有着更深刻的影响。

作为全球最知名的零售巨头，沃尔玛多年占据着世界500强榜首的位置。仅用了50多年的时间，沃尔玛就从一个普普通通的小杂货店发展为了一个不可撼动的连锁帝国。而这一切，不得不归功于创始人山姆·沃尔顿的精神领导。

山姆·沃尔顿留给后世的不仅是一段商业传奇和一串串令人瞠目结舌的经营业绩，更是一笔宝贵的精神财富。山姆·沃尔顿也将自己坚持不懈的信念归纳总结为十点。

（1）敬业。

（2）所有同事都是你的合伙人，合伙人要分享你的利润。

（3）激励你的合伙人。

（4）坦诚沟通。

（5）感激你的同事为公司做的每一件事。

（6）成功要大肆庆祝，失败也不必耿耿于怀。

（7）倾听公司每一位员工的意见，广开言路。

（8）要做得比客户期望的更好。

（9）为顾客节约每一分钱，这可以为你创造新的竞争优势。

（10）逆流而上，独辟蹊径，蔑视传统观念。

山姆·沃尔顿的信念直白朴素，但是他在几十年的时间内始终坚持如一，并将信念融入公司的管理中，体现在公司的运营策略中，这是许多领导者所欠缺的。

如果山姆·沃尔顿在创立和经营沃尔玛的道路中，只是以指标和利润作为驱动力，整天只是想着如何开设更多的连锁店，如何扩大规模，那么就会与消费者脱节，与员工脱节，也就无法在50多年的时间内达成如今的伟业。“天天低价”“为消费者节约每一分钱”，这些对于沃尔玛至关重要的经营理念不是由指标创造出来的，而是由信念创造出来的。而这些理念，如今成为沃尔玛赢得客户的最强大竞争力。

身为企业的领导者，一定要明白一个道理，强调指标不会帮助你明确及巩固信念，但是坚守信念却能帮助你达成甚至超越既定指标。

成功的领导与有效的领导

在企业中，有许多人都追求并最终成为了有效的领导者，但是他们却很难成为成功的领导者。有效的领导者以指标作为唯一的行动方针，想尽一切方法去完成自己制定的或是上级下发的各种既定目标。而成功的领导者则是以信念感染下属，以强大的精神力量去追求更高的成绩。

有效的领导者也是一个合格的领导者，他们能够凭借着自身的管理能力带领团队准确无误地完成各项任务，使企业始终走在正确的发展轨道上。但同时，仅靠有效的领导是很难使企业完成突破、完成超越的。

完全以指标作为行动准则，会扼杀领导者及其下属的创造力。所以，人都只看到眼前的指标，以最稳妥的方式谨小慎微地执行，所有人都不敢也不愿去尝试创新。只要按照最保险的方法完成指标，就算是大功告成、功德圆满了。毫无疑问，指标给整个团队设了限，在这种强调指标的氛围中，很少有人会主动做出“跨线”的行动。长此以往，团队就会趋于平庸。

信念不是硬性指标，不会像指标一样带来巨大的压力，相反，信念带来的更多是动力。为信念而工作，以信念去执行，整个团队和企业才能够放眼未来，而不是满足于现在。而指标，只是在迈向成功道路上自然而然产生的一个个结果。

信念会以多种多样的、有形或无形的方式影响领导者对于工作、目标、人际关系等多种问题的看法和处理方式，这些要素之间存在着千丝万缕的联系。理查德·布兰森就是一个典型的例子。

理查德·布兰森是著名的维珍集团的主席和创始人，这位极具个人魅力的领导者在其自传中这样写道："我的信念是，每一天的每一分钟都应该全心全意地度过，并且我们应该不断地去发现任何人、任何事最好的一面。"正是对这一信念的不懈坚持，布兰森摒弃了传统的商业思想和规则，以对企业成长更有利的方式带领企业发展。

在传统的商业观点看来，股东和投资者利益是一个公司首要考虑的对象，其次才是顾客和员工。确保股东和投资者有利可图，是一个公司的最重要的任务和最基本的品格。而布兰森和他的维珍集团却是反其道而行。"员工最重要。"布兰森解释道，"如果你的员工能感到快乐，那么他们在工作中就能使顾客感到幸福，顾客感到幸福就会为公司带来更大的利益，最终会使股东和投资者获利。在我看来，这应该是一个很容易理解的事情。"

在布兰森的许多工作中，都可以观察到他贯彻了自己的信念。比如，他曾经在集团旗下航空公司的跨大西洋航班上亲自为顾客服务。此外，他每天起床后的第一件工作，就是查阅和回复员工发来的电子邮件。许多顾客和应聘者都将维珍集团作为自己的第一选择，即便是其他的公司开出同样的条件和待遇，他们也会优先选择维珍。

在传统的企业经营中，尤其是股份制企业中，利润、增长率、业务规模等，这些体现在账面上的数字是领导者最关心的问题。企业是借助股东和投资者的资金创立或发展起来的，尽可能赢利做出回报，这本是无可厚非的行为。但是，为利而动的企业往往会陷入挣扎，员工和顾客不喜欢企业，赢利也就无从谈起。而布兰森的经营哲学却是不被指标牵着鼻子走，脚踏实地从根本做起，最终反而更好地成就了利益。

2014 年阿里巴巴在美 IPO（首次公开募股）期间，马云曾多次发表宣讲，"告诫"广大投资者们在投资阿里巴巴时要多加考虑，因为他首要考虑的是员工和顾客的利益和感受，其次才是广大股东。他不会为了阿里巴

巴一味地快速增长就违背信念，做出员工反对的或是消费者不欢迎的经营决策。马云的理念和布兰森可谓如出一辙，而真正的投资者也会明白，在现代市场中，这种经营理念才能更好地使自己获利。

一个为团队注入指标的有效的领导者，当他在团队中时，团队能够有不错的注意力和执行力，但当他不在团队中时，团队就容易出现懈怠，整体实力就会下降几个层次。而一个为团队注入信念的成功的领导者，无论他本人在不在团队之中，整个团队都能够保证始终如一，保持 100% 的战斗力。因为他们工作不是为了应付差事，不是为了做给领导看，而是为了深深刻在脑海中的信念。短期有效的领导并不能说是成功的领导，而成功的领导使下属长期持久无条件追随，发自内心地去为领导者制定的目标而不懈地去努力。

积极心态的背后是信念

领导者也好，员工也罢，无论做任何事情，积极的心态都是必不可少的。积极的心态能够帮助一个人直面困境，在不利的局面下发现机会。

有两个制鞋厂的销售人员先后来到一个偏僻的小村庄中销售产品。第一个销售人员来到这个村庄后，发现整个村庄的人都不穿鞋，全部赤脚行走，他心想："这下完蛋了，这个村子的人都不需要鞋子，我这趟算是瞎折腾了。"于是，他带着一大包产品又回到了公司。

而第二个销售人员来到村庄，看到同样的场景后心想："我这下可算找到宝了，这个村子的人都不穿鞋，我可以轻轻松松卖掉许多鞋子了。"于是，他紧锣密鼓地在村中设摊展示商品，向村民解释穿鞋的好处，不仅更卫生、更保暖，而且还能避免在行走和干农活时受伤。村民很快蜂拥而至，他带来的一批产品迅速地销售一空。

面对同样的条件和状况，消极的心态让人只能看到自己的失败，从而不做任何尝试就轻易地认输。而积极的心态则能让人坚信自己的成功，从崭新的视角发现机遇，不被流于表面的困难所击倒。积极的心态，就是不畏挫折、相信自我、勇于挑战的精神。

凡成大事者，无不具备一颗强大的心脏，似乎任何挫折都无法击垮他们，都无法让他们屈服。无论摔得有多疼，这些成功者们都会站起来拍拍身上的泥土，然后微笑着继续前进。这种乐观向上的精神，是由他们心中坚定的信念支撑着的。

有这么一个人，他22岁时做生意失败；23岁参与竞选议员失败；24岁重入商海再次失败，而且这次赔个精光；29岁又一次竞选国会议员失败；46岁竞选参议员失败；47岁竞选副总统失败；49岁第二次竞选参议员仍然失败。在近三十年的时间内，他遭遇了无数次足以让人一蹶不振的挫折。面对着已经过半的人生，许多人这时可能都会选择放弃最初的坚持，找一个平稳的工作安度晚年。

但是他没有放弃，始终坚持着自己的信念——永不言败，他坚信自己终有一天能够成功。这次，他没有等待太久，在51岁时竞选美国总统成功，成为了一个国家的领导者。在成为总统后，他遭遇了许许多多严峻的危机，但是他信念不倒，最终成就了一番永垂史册的伟业，成为了与开国元勋华盛顿齐名的总统，他就是——亚伯拉罕·林肯。

有许多人在经历过一两次失败后，就陷入自我放弃的负面思想中，往往认为自己没有天赋和才能，就轻易地改变自己的理想，转向其他领域。或者是认为自己能力有限，就降低理想的高度，放松对自己的要求。

林肯说过："喷泉的高度不会超过它的源头，一个人的事业也是这样，他的成就绝不会超过自己的信念。"这就是我们常说的，一个人所能达到的高度，取决于其理想的大小，取决于其信念的强度。林肯在遭遇政界和商界的双重失败后，没有放弃，依然在这两大领域中提升自我。他也没有因为上一次的失败就降低自己的目标，而是始终根据自己的理想和能力设定目标。最终，他的信念得到了现实的回应。

对于追求进步的个人，追求成功的领导者，追求发展的企业来说，坚定的信念都是不可或缺的。要有百折不挠的斗志，坚持不懈地努力进取，才能不断接近自己理想的目标。

信念是一种后天培养的精神，没有人天生就信念坚定或信念脆弱。成长过程中的阅历，对待挫折的积极态度，持续不断的自我激励，才是产生强大信念的根源。

在2006年的《福布斯》评出的东南亚富豪排行榜上，出现了一位女性的身影，她就是新加坡凯发集团华裔总裁林爱莲，以2.4亿美元的身价，成为了有史以来第一位进入该榜单前40名的女性。同时，当时年届45岁的她还荣获该榜单“最年轻富豪”的称号。

林爱莲的成功源于她从小就具备的“做大事”的信念。在4岁时，她就会时常将大人送给自己的玩具卖给住在附近的小伙伴，并将赚来的钱放入存钱罐中。读小学时，她又学会了做三明治以及制作藤器，并通过销售这些为自己赚取了不少学费。

大学毕业后，她通过努力考取了化学学士学位，在新加坡的一家药剂公司争取了一份药剂师工作。一直工作到1989年，林爱莲凭借自己敏锐的目光发现了废水再生市场的广阔发展前景，她便毅然决然地辞去了这份待遇还算优渥的工作，同时变卖了自己的车和房子，共筹集12万美元开始了自己的创业之旅。

公司成立之初，只有一间狭小的办公室和两名员工，三个人每天都奔波在新加坡、马来西亚和印度尼西亚的路程中，四处推销废水治理设备。作为老板的林爱莲，也是不畏严寒酷暑，挨家挨户地推销产品。

林爱莲不断地为工作注入热忱，不断暗示自己一定能够成就一番事业。功夫不负有心人，在她的坚持下，一个推销产品的不起眼的小公司，最终成为了东南亚最大的污水处理公司。

林爱莲的成功源于她不畏艰难的坚韧精神，而这种精神，是她从小就不断积累和培养起来的。成功者不仅会牢牢把握住自己的长远目标，同时也能着眼于小处，从小事做起，抓住一切机会培养自己的能力和品格。发现机会就勇敢地尝试，即便经历了失败也毫无怨言，自我反省之后再一次

地发起挑战。

失败是成功之路上不可避免的要素，无论是个人还是企业，都不可能永远一帆风顺。能否取得成功取决于应对失败的态度。如果以消极的心态去应对，失败只能是一次失败；而如果以积极的心态去应对，失败就是一次学习、一次经验。

每个人都能够并且希望发展

一个成功的领导者，不仅要带领团队完成既定的目标，还要关注团队内部，带领团队中的每一位成员迈向更高的平台，成就他们的个人期望。如果领导者无法帮助团队中的个人成长，就不会有下属愿意长期跟随他。

小丁是一家担保公司的业务经理，带领着一个四人的小团队。小丁的业务能力很强，和主要客户的关系处理得也很好。而且他还十分擅长带团队，在给予下属充分的信任与自由的同时，还能在关键时刻及时伸出援手。因此团队成员对他十分信任，整个团队十分有凝聚力，是公司数一数二的优秀团队。公司其他部门的员工也对小丁十分敬佩，都说他很快就能升到业务总监的位置。

不过，小丁也有着自己的苦恼。他的直属上司马总监总是分派给他一些“杂务”，这些简单的工作小丁的下属也能很好地完成，但马总监却坚持要小丁亲自处理。而一些重要的核心业务，则全部由马总监自己负责。小丁也曾经含蓄地表示过自己想要承担更多的责任，做一些更有挑战性的工作，但都被马总监以各种理由搪塞掉了。

这种情况在持续一年之后，小丁绕过马总监直接向公司上层提出想要调到公司新开设的业务部门中。由于业务刚刚开展，正缺乏能力强的人才，再加上小丁原先带领的团队已经比较成熟，公司上层便批准了小丁的调职请求。

小丁的上司马总监就不是一个成功的领导者，他不仅仅是阻碍了小丁的晋升之路，更严重的是，他阻塞了小丁自我学习、自我提高的空间。小

丁在他的带领下，长期重复着千篇一律的工作，无法发挥自己的全部潜能，丝毫看不到任何发展的机会。最终，小丁离开了马总监的团队，选择在一个全新的环境中学习发展。

在企业中，像马总监一样的领导者数不胜数。他们凡事都要亲自过问，压制下属的能力和潜力，最终的结果只能是人心涣散。领导者出现这种心态和行为，不外乎三方面的原因。第一，他们担心重要工作下属会做不好，到时还需自己处理甚至是承担责任，所以选择自己亲自处理；第二，他们担心优秀的下属在进一步提升后会选择调职或跳槽，自己的团队会少一员得力干将；第三，他们担心下属能力提升后会直接威胁到自己的地位。

正是以上三点心态的某一项或多项的影响，使得一些领导者走上了凡事亲自过问，不给下属空间的领导道路。在团队成立之初，这种方法也许能避免许多错误。但长此以往，团队整体能力得不到提升，团队的效率终将会下滑，而且没有人会愿意在一个没有发展前景的团队中久留。

一个领导者要学会放下，放下一些无谓的担心，放下少了自己不行的想法，充分地给予下属信任和自由，让他们多去挑战、多去承担。只有这样，才能发掘和培养出优秀的人才，领导者也能为自己释放时间和空间，进行自我提升，赢得更大的发展机遇。

一个领导者自然需要具备一定的知识水平和业务能力，但“万事通”式的领导者，未必就能带好一个团队或企业。领导者最重要的能力和评价标准不是自身的业务能力如何，而是能否挑选并培养人才，带领团队完成业绩。担心下属与自己争权夺势是一种不自信的表现，这不仅会引起下属不满，也不会让自己受到很高的评价。相反，一个培养出了众多优秀人才的领导者，自然也会受到上层与外界的重视。

领导者不仅要创造良好的客观条件让下属得到发展，还要从主观上培养下属寻求发展的意识。每个人都有一定的惰性，自然会有一些员工自我感觉良好，觉得现在的待遇还不错，没有必要“吃力不讨好”地给自己找事做。如果一个员工连升职、加薪、自我提升这类最基本的个人发展愿望都没有，又怎么能够指望他们为团队和企业发展尽心尽责呢?

所以，领导者要从思想和行动上刺激员工主动发展的愿望。思想上，让下属看到自我发展带来的切实利益，如果能切切实实地获取利益，没有人会愿意拒绝。行动上，给下属分配一些他们认为现阶段做不到的工作并且全程予以支持，帮助他们完成任务。久而久之，他们就会找到自信并乐于挑战。

当一个团队中的所有成员都积极地寻求发展，并且有充分的空间和条件去发展时，这支队伍必然会焕发出强大的竞争动力。

明确说出你的信念

信念不能只是默默地潜藏在领导者自己的心中，而是要能够明确地说出来。如果一种信念无法用有条理的语言组织表达出来，那么原因一定不是因为你的表述能力不强，而是由于你的信念还不够清晰和坚定。一个清晰且坚定的信念，总是能让人发自肺腑地大声说出来，无论语言是华丽还是朴素，总是能让人很容易地理解和感受。

一部分领导者，尤其是位高权重的领导者，往往会陷入与下属之间，特别是非直接下属之间联系割裂的境地，他们往往变得惜字如金、讳莫如深，不愿意与下属多做交流，不愿意明确说明自己下达的各项指令的原因和要求，仿佛这样才能显示自己的权威和才能，使下属听从自己的命令。可结果却是让下属感到难以开展合作，无法准确地理解领导者的意图，从而难以完美地回应领导者的期待，这使得领导者感到灰心丧气、痛苦不堪，进一步加剧了交流缓慢和不清晰的状况以至于最终陷入停滞。

业内人士和心理学家指出，之所以会出现这种状况，是领导者一种逃避的表现。领导者的每一句话、每一项指示都会对团队产生十分重要的影响，所有的下属都对领导者洗耳恭听、言听计从，如果工作中的某环节出现问题，首先需要检讨的自然是领导者。对于身处企业上层的领导者来说，其决定甚至会影响整个企业的走向和命运，这无疑是一种沉重的负担。于是，为了逃避这种负担，领导者开始变得封闭，不愿意完整地陈述自己的观点和对目标、对未来的展望。这样一来，一旦出现什么问题和变故，也不会有人将责任归咎于他们的决策和指令。

但随之而来的问题是，领导者越是模糊自己的信念，下属就越是会感到焦虑不安，对领导者也就越来越缺乏信任感。下属们只能通过领导者的只言片语和蛛丝马迹去辨识和理解领导者的指示，猜测领导者的意图，这样的状态，自然很难完美地执行任何指令。

所以，身为领导者，不要去逃避负担，不要害怕承担责任，明确地将自己的信念表达出来，让下属对你和你的指示都有一个清晰的认识和理解，这能够为你和你的团队带来显而易见的好处。

1. 能够避免“紧要时刻再说明”的错误领导方式

如果你的直属上司在对你下达一个简单模糊的指示之后又不愿多做说明，等你将工作完成交付于他时或是工作出现问题后，他才从幕后跳出来，大声叫嚣着这不是他最初的设想和目的，将所有的错误一股脑地推到你的头上。面对这种情况，你会作何感想？恐怕没有哪位员工会认同并愿意接受这种领导方式。

“紧要时刻再说明”的领导方式在西方企业中被俗称为“海鸥的叫声”，即领导者就像海鸥一样尖叫着从高空俯冲下来，在下属们身上撒满粪便，然后就飞走了，留下茫然的下属们不知所措。

领导者若最初就清晰表达出自己的要求和期望的结果，完全可以避免上述现象，下属也能够以最清晰的思路去执行他们接收到的指示，从而避免走弯路、错路。

2. 避免对团队的士气和凝聚力带来不必要的破坏

如果领导者每次都是以一副不满和责备的态度对下属说，“你们没有达到我的期待”，这时下属的内心就会受到伤害，而且会生出许多怨言，因为下属压根不清楚领导者的期待到底是什么。负面情绪总是容易滋生和蔓延的，一旦团队或企业中有一些人抱怨自己的不满，整个团队或企业很快就会受到影响，陷入士气低落，而且对领导者越来越没有认同感的恶性循环。

领导者若坦诚地向下属说明自己的信念，不仅有助于下属更好地完成工作，而且有利于双方之间的沟通协调。下属不会再把领导者看作冷漠且高高在上的权力者从而不敢也不愿与其交流，相反，他们会积极地在工作中进行反馈，避免或提前解决许多不必要的麻烦。

3. 从一开始就能够把握下属的意愿和心理状态

安排最合适的人加入自己的团队，选择最合适的人去执行工作，这是每一个领导者的责任。而如果领导者没有事先表明自己的信念，等到工作中才发现某个员工不适合这个团队，或是无法很好地完成某项任务，这样不仅浪费时间，影响工作进程，还会使双方以后的合作产生间隙。

所以，在组建团队之前，在执行任务之前，领导者要事先表明自己的信念，让下属心中有底，进行自我评估，看看自己是否认同领导者的信念，是否适合这个团队或胜任某项工作。这样，才能从最初就组建一个最完整的团队，发挥出最大的团队能量。

确定并分享你的信念

对于一个领导者重要的第一步，就是确定并分享自己的信念。优秀的领导者在和下属沟通时会用80%的时间去谈自己的信念。因为他们知道，只有给下属“种植”了自己的信念，下属才会心甘情愿地为实现信念而努力。有些领导者连自己都不清楚信念是什么，不知道带领团队的目标，不知道想要将企业最终带往何处，这样自然不可能让下属有一个明确的信念。还有一些领导者，对于信念自己倒是心知肚明，但是又不善于分享，不知道该如何运用自己的信念感染及领导下属，最终让信念憋在自己心中，无法发挥出应有的巨大能量。

信念，每个人都具有或曾经具有，但是想让其始终保持为一种坚定的思想和精神的动力并非易事。尤其对于创业者和新晋领导者来说，可能一开始热血澎湃、信念坚定，但久而久之，当工作成为一种常态，当各方的利益纠葛扰乱了内心，就会迷失了最初的信念，只顾得上眼前，而忘却了当初为何要选择这条道路。

信念通常产生于一个特殊的时间点，也就是所谓的“命运转折点”，正是这些转折点让一个人的心理和思想产生了剧变，从而树立了某种信念。有些人能够感受到这种转折，而有些人则感受不到，但不管如何，它确确实实存在，只要回顾往事，往往就能发现自己的初衷。

2000年，对于加里·埃里克森来说，一笔重大的交易即将达成，他要以1.2亿美元的价格将自己经营多年的、年营业额达3900万美元的克利夫能量棒卖出去，他将会获得其中的6000万美元。这对于一个在8年前白手起家的创业者来说，是个让人振奋的成绩。

而当埃里克森站在已经人去楼空的办公楼时，突然间心生悲凉，他回想自己当初是为何创建这家公司，是为了像现在这样经营壮大后高价卖出？不是的，他想要制作令消费者感到幸福的产品，想要创建一家让员工感到幸福的企业。一个想法在埃里克森脑海中冒出，交易还没开始，合同还没签订，他现在还可以从头再来。于是，他打电话告知自己的合伙人以及购买方，自己无法达成交易。

埃里克森重新接任CEO，他重新思考并架构了企业模式，着重于企业文化的建设，取代以往的营业额至上的思想。“我时刻都在思考和寻求答案。”埃里克森回忆说，“我为什么要创业？我想要建设一家怎样的企业？我认为，我存在的最大价值就是证明自己可以拥有一家健康发展、持久经营的企业。”

信念总是容易在纷繁复杂的生活中被我们遗忘在心中的某个角落，尤其当巨大的利益诱惑摆在眼前时，有许多的领导者和企业都会不由自主地衡量利益而忽略当初的信念。每一个领导者在做重大决策前，都应该向埃里克森学习，回顾过去，找回自己最初的、明确的信念，然后做出一个不会让自己后悔的决定。

在明确了自己的信念之后，还要将自己的信念分享出去。分享信念，最忌讳的就是用听起来“高大上”的豪言壮语去大喊口号，这只会让你的信念听起来空洞无力。分享信念的最好方式就是用贴近现实的手法，通过创作一个好故事来描述自己的信念。

创作一个故事首先需要有明确的目的，也就是根据信念的性质不同来决定故事的内容。比如，有些信念是为了传达领导者是一个怎样的人，企业是一个怎样的组织；有些信念是为了鼓舞下属去积极地投入到工作中；有些信念是吸取过去的经验教训，教导下属不要去做某些事。这些不同的信念决定了故事的走向，但无论如何，故事一定要真实可信，而不是一味地标榜领导者个人。

决定了故事的中心和内容之后，接下来要对故事进行编排和精练，一个冗长的故事只能是一个糟糕的故事，是无法让下属明确把握领导者想要表达的思想的。通常，一个故事的长度在5～10分钟内为最佳。不过，故事虽短，必须“五脏俱全”，起承转合，一个都不能少，这样的故事才是能够吸引人的。

在创作及讲述故事上，领导者要能够描绘出一幅图画，要让听众有代入感。一些领导者为了强调整体性，就在故事中过多地使用“我们”这个字眼，这只会让一个故事变得像一种说教，反而失去了真实性。领导者在故事中只有多用“我”，才会让下属感到这是领导者亲身经历的事情，才会更有认同感。

除了通过自身的思想和经历来创作故事，领导者也可以通过寻找相同或相似精神的故事来传递自己的信念。

2000年，微软正处于一个非常微妙的时期，互联网泡沫使得许多人对互联网科技公司信任不再。据传言，微软的员工在当时遭受过一些言语和身体攻击。以前，员工们以自己服装和电脑上的微软标志而感到骄傲和自豪，而如今这种自豪已经荡然无存。同时，美国司法部也正因微软公司涉嫌垄断而对其开展调查，许多员工都担心公司会被解体。不安和焦虑笼罩着整个公司，四面八方的威胁使公司员工的信念都深受打击。

在当年的年度报告会上，史蒂夫·鲍尔默首先播放了拳王阿里从乔治·福尔曼手中夺回世界重量级拳击冠军的那场比赛，阿里战胜了自己最强劲的对手，取得了一场里程碑式的胜利。然后，鲍尔默借助这段故事向参与会议的全体员工传达了微软的信念，告诉众人他认为只要坚持微软一贯的信念，具备勇气、灵感、责任、冲劲，就一定能像阿里一样战胜对手。

自那之后，“阿里，干掉他”成为了微软员工打招呼的秘密用语。整个企业的员工都对克服眼前的困境充满了信心。最终，微软渡过了危机，而这其中离不开员工们的尽心尽力、全力以赴的奋斗。

一个振奋人心的故事总能让人们在绝望中看到希望，而这世上总是不乏感染人心的好故事。政界、体育界、艺术界，任何领域都有拼搏的故事，都有坚持信念的故事，寻找相似的故事讲述自己内心的所思所想，同样能够很好地将领导者的信念传递给下属。

回顾过去、创作或寻找故事、讲述故事，领导者可以按照这一流程，确定自己或企业的信念，并将该信念分享给企业全体成员，注入到企业员工的每一根神经中去。

将信念注入企业的核心观念

信念是一种使企业同其他企业区别开来的核心力量，不同的信念给予企业不同的标签，使企业变得与众不同。这些信念决定了企业存在于其所在领域的不同方式，影响着领导者做什么决定、对哪些事务全神贯注、对哪些事务置之不理。

一家成功的企业总是能够矢志不渝地坚持企业的核心观念，这种坚持本身就是一种信念。所以，将信念注入企业的核心观念，是用信念领导企业的最深层体现。

谷歌公司的核心观念之一就是“永不满足，力求最佳”。作为谷歌公司的创始人之一的拉里·佩奇表示：“完美的搜索引擎需要做到解用户之意，切返用户只需。”

搜索引擎是谷歌公司最早涉及的领域之一，经过多年来的研发与革新，其搜索引擎已经在世界范围内都负有盛名。即便如此，谷歌公司仍旧坚持着自己的核心观念，不断进行产品革新，实现对自我的超越，为广大用户打造出越来越好的搜索引擎。最终，谷歌的搜索引擎成为了世界范围内应用最广泛的工具。

对于创新来说，最难的不是超越别人，而是超越自己。在以竞争对手为目标时，许多企业能够拿出 120% 的奋斗精神去实现突破。但当超越了别人，自己迈上顶点后，却往往会故步自封，认为自己已经做到最好了。但是这世上没有最好，只有更好，对自身的否定和超越，是一种勇气，更是一种信念。

员工是否认同并响应企业的核心观念，也是其是否具备坚定信念的重要因素之一。对于企业员工的考核，不仅仅要关注他们的能力，对思想的培养也同样重要。

原通用电气 CEO 杰克·韦尔奇在评价员工时就指出，要综合考量绩效和价值观两大要素，甚至更偏向于价值观的考核。

根据业绩和价值观考核两方面的结果，韦尔奇将所有的员工分为以下 4 类。

1. 绩效达标，价值观与公司吻合的员工

对这类员工，毫不犹豫地给予奖励以及晋升机会，并作为公司的核心成员予以培养。

2. 绩效不达标，价值观也与公司不吻合的员工

对这类员工，要立刻扫地出门，避免公司整体战斗力的降低。

3. 绩效不达标，但与公司价值观吻合的员工

对这类员工，要再为他提供一次机会，并主动考察该员工的能力特点，为他分配一个更适合他的岗位。

4. 绩效达标，但价值观与公司不吻合的员工

这类员工往往会成为公司的“隐形杀手”，许多领导者觉得这样的员工开除了可惜，但如果他的个人信念、核心观念与企业背道而驰，那么只会给企业发展带来副作用。领导者要与这类员工主动沟通，向其灌输公司的核心观念，如果其始终不能够与公司共谋发展，那么必须请其离开公司。

因此，对于领导者来说，将信念注入到企业的核心观念中去，以此来

创建团队，带领团队，在任何时刻都是常抓不懈的任务。信念是企业核心观念实现的最根本动力，而企业核心观念也为信念树立了一个明确的方向。

将信念注入到企业的核心观念中，不是喊一喊口号，做一做表面功夫就足够了，而是要确实地融入到领导者的日常工作中去，可遵照以下步骤实行。

首先，遵循信念建立一整套完整的制度和行为准则指导企业全体员工的工作和行为，无论是何种领导思想和方式，唯有严格执行、严肃执行，才能出成绩。其次，寻找可以明确解释信念对于企业发展起到显著作用的事例分享给企业全体员工，让他们了解到信念的巨大作用。再次，寻找违背信念严重损害企业利益的事例分享给企业全体员工，并让他们展开讨论，说明失败的原因在哪里。最后，定时考察信念的领导功效，员工有没有全身心地投入工作，并为实现企业的核心价值而付出。及时掌握员工的心理状态和工作效率，以此来评估信念领导的具体成效。

市场的重大变动，未来的不确定性总是会给企业发展和员工心理造成剧烈的震动，陷入不自信与迷茫之中。而以信念支撑起的企业核心观念，能让员工们的内心“钢铁化”，无论处于何种逆境都能坚强地应对。

慎用金钱等物质激励和惩罚

在一般的领导者看来，金钱等物质激励和惩罚是一种最简单直接的管理方式。事实上，员工工作好时发放奖金，犯错时扣除工资，往往能够取得立竿见影的效果，员工也会因此加倍努力或是反省自己的过失。但随着商品经济的发展，整个社会都有陷入“金钱万能”价值观的倾向，金钱总是让人产生本能的喜好或恐惧。所以，也无怪乎一些领导者对于物质激励和惩罚乐此不疲、情有独钟。

物质激励和惩罚手段并非不能用，而是要慎用，尤其对于以信念作为指导思想的领导者来说更是如此。

依照马斯洛需求层次论分析，物质需求处于一个最低等的阶层，而受到尊重和自我实现处于一个高等的阶层。所以，在员工的需求和素质达到一定境界之后，金钱激励的作用就很有限了。有许多员工在收到奖金之后，可能就会吃顿饭、买包烟，到了第二天就把自己受到过奖励这回事忘得一干二净了，无法起到深层、长期的激励作用。

同时，滥用物质激励会将整个团队引向一个低层次的方向。如果一个团队陷入“唯利是图”的状态，所有成员都着眼于自己的利益，又怎么能够建立起共同的信念呢？又怎么能做到为了共同信念而奋斗呢？这样的团队必定是浮躁、短视的，仅以经济利益作为联系的企业必将很快走向尽头。

领导者在管理员工时，不一定要用发放奖金的方式才能调动员工的积极性，有时候一个微笑、一次点头、一句表扬，都能够取得很好的激励效果。激励的方法要根据团队成员的精神状态和心理需求进行阶段性的调整和引导，而非盲目地一根筋到底使用物质激励。在日本的一些企业，就广泛存在一种被称为宣泄激励的心理鼓舞方式。

日本的企业内部所要承受的压力在整个世界都屈指可数，过大的压力使员工心中产生不满和牢骚。如果压抑这种不满，只会破坏企业内部的稳定团结，而如果让员工恣意地发牢骚，显然也不利于企业纪律。

于是，一些企业规定，在办公室内不得发泄自己的不满和牢骚，但在公司里设有一间特殊的“牢骚室”，员工可以到这里发泄自己的不满。整个“牢骚室”分为三个房间，第一个房间备有从董事长到每一个科长的橡皮人，员工可以戴上拳击手套击打自己看不顺眼的人；“运动”完后可以来到第二间房间，这里可以冲个澡，还有水果、沙发等以备休息；第三间房间则设有哈哈镜，员工可以在这里大笑一番，准备完毕后重新投入工作。

这种“牢骚室”被称为“心理卫生间”，它也确实帮助了员工排解压力，用一种关心员工心理的方式激励了员工努力工作。

激励的方法也是可以有多种多样的创新的，如果领导者能像父母关心子女一样设身处地为下属着想，了解他们的内心活动，那么激励员工的方式选择问题一定能够迎刃而解。

同激励方式一样，过多地使用物质惩罚也不是一种好的选择。人们虽然不容易受到物质激励的触动，但对物质惩罚却往往非常敏感。而且，物质惩罚往往会转化为员工内心对领导者的不满，而非转化为对自身过错的反省。

领导者要注意慎用惩罚。因为惩罚更多的是起到一种警示和威慑作用，让员工自我反省，下次不犯同样的错误。如果动不动就处罚，或是指责谩骂，为了惩罚而惩罚，领导者就会成为下属的众矢之的，成为下属心中的“暴君”，反而会激起下属们的反对情绪。

惩罚可以和激励手段并用，以此来消除员工对惩罚的抵触情绪，也就是常说的“一手胡萝卜，一手大棒”。比如，在批评员工的同时，也要认同他做得正确的方面，用这种方式让员工坚持良好习惯，摒弃不良习惯。据管理学家研究表明，领导者实施奖励与惩罚的比例最好控制在3：1，以奖励为主，惩罚为辅。

领导者在选择和实施激励与惩罚方案时，要以在团队和企业中树立共同的信念为核心目标，做到全体成员上下同心，以此为纽带促进企业内部相互信任、彼此尊重的精神建设。这些绝非是简单的物质激励和惩罚能够达成的，需要领导者运用多样化的精神激励和惩罚方式来引导下属的精神建设。

第四章
法则3：人才 > 战略

人才是利润最高的“商品”，能够经营好人才的企业才是最终的大赢家。

——柳传志

长久以来，人才都是影响企业兴衰的关键，而随着科技的发展，经济全球化态势的形成，人才在企业竞争中占据着越来越重要的地位。

在工业时代，企业的领导者倾向于构建一个强有力的发展战略，然后根据战略选择一些具备顶尖技术的专业性人才，从而带动企业发展。但在现在，企业仅靠少数的技术人才已经不足以再支撑起企业战略了，而是需要寻求企业所需的各个领域的人才，组建一支综合性的人才团队，从基层提高企业人员的整体素质。

人才与战略

在21世纪，人才的重要性被提升到一个前所未有的高度。许多企业的领导者都一致认为，21世纪企业的竞争，归根结底是人才的竞争，哪家企业能够掌握其领域的最优秀人才，就能掌握竞争的主动权。

工业时代的企业，要么是劳动力密集型企业，要么是资本密集型企业，只要找准方向肯投入，就能获得成功。而信息时代的企业，则是智力密集型企业和人才密集型企业，一个企业想要生存和发展就必须时刻创新。拥有一个才华出众的优秀人才，能够改变一件产品、一个企业、一片市场乃至一个领域的面貌。

对于现代企业的领导者来说，人才甚至比企业战略更为重要。无论企业的发展蓝图绘制得多么宏伟，还是需要杰出的人才支持才能得以实施并取得最终的成果。否则，波澜壮阔的企业战略最终只能沦为一纸空文。

20世纪80年代初，汕头顶呱呱内衣服饰实业公司的张老板经过一段艰辛的创业阶段，亲自前往世界各地跑业务，为企业的发展壮大打下了一个良好的基础。创业的艰辛，也使得张老板练就了不平凡的超前意识，他总是能够根据企业不同的发展状况和阶段为企业制定出合适的发展战略。

不过，顶呱呱内衣服饰也不可避免地犯了一些民营企业的通病——企业结构不合理、职权不清晰、执行力度不到位等。企业的部门之间完全脱节，没有合作与配合，相互推诿，每个部门的人都感觉累得要死。而作为领导者的张老板，更是事无巨细、事必躬亲，研发、销售、采购、人事、财务都要“一把抓”。这些问题的根源就是企业的相关管理人才出现了严重的缺失。

张老板本人也尝试了许多方法去改善企业的现状。他曾试图将企业的元老级员工提拔为企业高管，这些员工对企业的业务和现状都十分熟悉，专业技能没的说。但是这些人并不具备专业的管理知识，在管理中往往是“无为而治”或是“经验主义”，效果并不理想。

随后，张老板又通过人才市场、网络、熟人、猎头公司等多个渠道，四处搜寻各个部门的经理和主管。但是，这些“空降兵”大多与企业“水土不服”，没做多久就匆匆离开，只留下了一堆没有制定完成的新制度。

现今，人才断层的问题还在影响着顶呱呱内衣服饰的方方面面，并严重制约着企业的进一步发展。

任何企业都不可能把所有的管理问题都托付在一个或一小部分人身上，企业整体的规范化管理运营需要组建一个成员充足、分工明确的管理团队。顶呱呱的领导者凭借自己的战略眼光为企业发展构建一个切实可行的计划，但是人才的缺失一直是困扰企业的重大问题，而且在进入21世纪之后，人才问题更是让企业发展陷入“搁浅”状态。试想，一个凡事都需要最高领导者亲自过问的企业，又怎么可能快速发展呢?

中国的许多企业都容易陷入人才缺失的窘境。虽然许多领导者都明白人才的重要性，都口口声声地说要大力搜寻优秀人才，但却很难真正地在心中将人才排在第一位，并构建一系列制度和体系保证企业能够时刻拥有一批优秀人才。

有许多领导者说，企业就像一个大机器，我们的工作就是明确目标，根据目标设定好流程和体系，然后再根据流程和体系搜寻相应功能的部件，企业这台机器就能够顺利运转。这段话在企业经营中确实很有道理，但在实际操作中，这些“部件”可并不是说有就有的。许多领导者由于无法及时寻找到真正满意的人才，无奈只有“退而求其次”，降低对岗位人员的要求。而这种妥协，显然会影响到企业这台大机器的运转效率。

亨利·福特曾经遇到一个头疼的问题，公司有一台电动机坏了，公司里所有的工程技术人员都束手无策，无奈之下，只好从外部另请高明。最终，他们从一个小工厂里请来了一位来自德国的技术人员——思坦因曼思。

思坦因曼思在电动机旁听了听，爬上爬下看了一会儿，最后在马达的一个部位用粉笔画了一道线，说“这儿的线圈多了16圈”。于是，工作人员照他说的把多余的线圈去掉，电动机立刻正常运转了。

亨利·福特对思坦因曼思的本领很是震惊，热情地邀请他来自己的公司。而思坦因曼思却说：“我流落到美国时，现在的老板对我有恩，我不能辜负于他。”亨利·福特听后毫不犹豫地说：“那么我将他的公司买下来，这样你就能为我工作了吧。”

亨利·福特说到做到，很快就收购了思坦因曼思所在的小工厂，并且对原来的老板很是礼遇，思坦因曼思也十分感动，将自己的才能毫无保留地贡献出来，为福特公司的引擎发展解决了许多问题。

许多领导者都说自己“求贤若渴”，但是又有多少人能做到像亨利·福特一样为了一个人才不惜打乱公司的战略发展部署呢？收购一家公司对于一个企业来说可是一件重大的战略决策，但在亨利·福特看来，不放过眼前的优秀人才更是一项正确且意义重大的决策。

许多领导者会不自觉地将人才与战略剥离开来，认为人才代表的是个人利益，战略代表的是企业利益，个人利益不能凌驾于企业利益之上，不能为了人才就不惜一切代价，影响了企业的整体规划。殊不知，这种观念正是许多企业无法吸引顶尖人才的根源所在。

人才与战略应该是相互融入、相互联系的两种要素，人才是战略实现的动力和保障。同时企业的人才培养必须与企业的发展战略相匹配。为追求人才，也许确实会在一定程度上给企业经营带来混乱和短期的成本支出，但长远看来，人才能够使企业战略得到更快更好的实现。所以，领导者应当坚持“以人为本”的经营思想，不遗余力地发掘、吸引、培养人才，为企业战略储备巨大的能量。

人才管理是领导力的核心要素

领导者的核心价值和核心任务就是带领下属、带领团队，如果一个领导者手下无人可领导，那么就只是一名“光杆司令”。而一名优秀的领导者，不能仅仅满足于带领一帮“虾兵蟹将”，而是要带领真正有能力的人才。俗话说：“强将手下无弱兵。”如果领导者旗下缺乏能力卓绝的优秀人才，那么只能说明这位领导者本身的能力也不怎么样。所以，人才管理是领导力的核心要素，一个率领众多人才的领导者，必定是具备卓越领导力的。

拉姆·查兰是全球知名的管理咨询顾问和领导力专家，长年为通用电气等知名企业提供咨询服务。他在接受采访时提出：“领导力的要素一直都在随着时代发展而不断扩展，而引进专业人才、打造高效团队一直都是领导力的核心要素。”在被问及领导者需要花费多少时间投入到人才管理中时，他答道：“最成功的集团领导者将50%甚至更多的时间用在寻找人才、培养人才之上，而花在战略制定与执行工作的时间仅占25%。”同时，他还提出，不仅中高层管理者需要领导者注重管理，即便是最基层的员工，只要有才能，也要予以重视。

对于企业的最高领导者来说，人才管理不仅仅能保证企业当前具备充足的竞争力，也是在为企业更长久的发展做打算。无论多么优秀的人才，总有老去并离开的时候，对于致力于建立“百年老店”的超级企业来说，寻找一批又一批接班人是势在必行的，是为了使企业在一个新的发展阶段也能保持强盛。

大贺典雄是索尼发展史上的一位举足轻重的领导者，毕业于国立艺术和音乐大学的他在大二的时候就拜访了当时还没有更名为索尼的东京通信工业。在一群专家和技师面前，一介学生对产品的缺陷侃侃而谈，最后还拿出亲手绘制的设计图进行讲解。

盛田昭夫惊讶于大贺典雄的才华，于是诚邀当时年仅19岁的他加入索尼。不过，大贺典雄却说自己想成为一个艺术家，而不想成为一个工薪族，整日被束缚在办公桌前。盛田昭夫却对大贺典雄说，给他在公司里设一个职位，不需要来公司上班，每月给他发薪水，而他只需对索尼的新产品提出相应的建议和意见即可。

盛田昭夫的决定让许多人都不可思议，对方毕竟只是一个有才华而无实绩的“毛头小子”。但是盛田昭夫却相信自己的眼光，他觉着大贺典雄不仅仅是懂技术，而且同样精通领导之道，将来必定能成为索尼的中流砥柱。于是，在十年的时间里，盛田昭夫通过各种直接或间接的手段不厌其烦地说服大贺典雄，最终，在大贺典雄29岁那年，正式加入了索尼，成为了专业产品开发部门的总经理。

大贺典雄在索尼效力的期间，看到了CD（小型镭射盘）的巨大前景，于是主导了索尼的CD产业，引领索尼乃至整个业界进入了数字音频时代。他完美地继承了盛田昭夫的衣钵，带领索尼又实现了一次腾飞。

盛田昭夫对人才的重视和坚持，让他花费了十年时间为企业争取到了一位对企业发展大有裨益的人才，也为自己找到了一个绝佳的接班人。在盛田昭夫重病缠身并淡出索尼各项事务后，大贺典雄已经成长为一名优秀的领导者，立刻支撑起了整个企业，使索尼没有因一位伟大领导者的离开而受到重大的影响。

一个优秀的领导者总是会不惜时间和代价去寻找优秀人才，并将其视为自己的神圣使命。因为他们明白，优秀人才对于企业有着多么重要的意义。而这些受到重视被提拔起来的领导者，自然而然也会将人才管理作为自己最重要的工作。企业的人才文化通过这样一代代地不断传承，走上了一条持续发展、持续强盛的道路。

领导者的人才战略

人才战略就是为实现企业的发展目标，把人才作为一种战略资源，对人才培养、吸引和使用作出的重大的、宏观的、全局性的构想与安排。

人才战略并非精英战略，如果领导者只关注企业中极少数最有才能的人，或是只去发掘和培养企业的核心业务所需要的人才，而忽视了企业整体所需的更广泛的群体，这样的战略，对绝大多数员工来说显然是没有吸引力的，而仅靠一些核心成员和核心部门，也不足以支撑整个企业的运营。

一个成功的领导者的人才战略必须涵盖4大要素。

1. 领导者亲身参与且全力支持

领导者的亲身参与对于人才战略来说不仅仅是一种象征意义，还能借此营造出一种企业重视人才的文化氛围。企业中的任何一项计划和措施如果想要上升到战略的高度，必须要有最高领导者的参与和支持。许多领导者将企业的各项人才事宜全权托付给人力资源部门，这是一种错误且低效的做法。一个正确可行的战略必须要由领导者和相关部门的负责人共同商讨制定，人才战略也是一样。

人力资源部门在制定和实施人才战略的过程中，只是负责提供方法、平台和框架，为人才战略“保驾护航”。而确保人才战略成功的关键还是要靠领导者的全情投入，把握好人才战略的“方向盘”，掌控好人才战略的行进速度，这样才能使人才战略不至于“跑偏、失控”。

如果领导者不亲自参与，各阶层的员工就不会相信企业会真正重视人才战略，在执行时就会敷衍了事，这就会使人才战略执行时效果不佳、效率不高。只有领导者先重视起来，并做出表率，下属们才会全身心地投入。

而且，领导者站在一个较高的平台之上，他们的“言传身教”对于人才战略的执行是有强大的促进作用的。就如通用电气建立的领导力发展中心一样，领导者不仅强调人才的重要性，他们还亲自走向讲堂，参与人才培训。凡是优秀的领导者，都能够做到“传道、授业、解惑”。

2. 建立一套完整的人力资源管理体系

人才战略需要体系和制度的保障，如果领导者只是实行“随时缺人，随时补人”的粗放式的人才管理，就无法称之为战略。人力资源管理体系是一个有机的整体，包含招聘系统、培训系统、绩效系统等重要的子系统，只有当这些子系统都朝着一个正确的方向发挥作用，人才战略才能得以最大限度地发挥作用，反之，则无法取得成功。

人才的选择与培养是一项困难的工作，因为每个领导者的喜好不同，着重点不同，在选择和培养人才时就容易受到个人观点的影响。如果企业的招聘、培训、绩效考核全部各自为政，都按照各个主管或经理的个人的价值观和标准去执行，就容易使人才战略与整个企业战略脱节，使得人才不适应企业发展。

企业的人才战略应该按照一个统一的标准去执行，建立一个团结协作的人才队伍，以企业的长远目标去建设人才队伍。比如，在招聘时，如果只看中应聘者的专业技能，而没有考察应聘者对企业价值观的认可程度，即便他能力很强，也没有足够的动力去将全部潜能发挥出来。再比如，当企业推出一款新产品时，如果对人才的考核仅仅局限于销售的总量，而不是根据不同的商品采用不同的标准，那么就没有人会愿意将精力放到新产品上，只会专注于容易销售的热门产品，这样的绩效考核标准显然是不合理的。

建立一套完整的人力资源管理体系，是为了与企业的人才战略相匹配，将战略以一个统一的标准细化分解到可衡量的具体工作中去，这样才能共同作用，获得成效。

3. 人才的培养和发展体系既要满足企业需求，也要符合个人规划

领导者的人才战略要同时兼顾企业和员工个人，这样的人才战略才是科学有效的，才能够得到有效的贯彻实施。人才的培养和发展体系要能满足企业当前以及未来的业务需要，这是人才战略的根本目的。

许多企业的培训课程总是“有什么就拿什么”，而不是“缺什么就找什么”。比如，有些企业内部有擅长市场营销的主管或经理，就不管三七二十一，让该主管或经理开展一些营销类的培训课程。但正确的培训课程选择，很显然应当是企业现在缺乏哪类人才就开展对应的培训。培训课程不要仅仅局限在企业内部，企业内如果缺乏相应的培训能力，可以寻找专业的培训机构和讲师来代劳。

企业在5年或10年之后，要达到什么规模，到那时企业的核心业务是什么，又需要哪些部门和岗位的支持，在此基础之上分析企业所需的人才，并开展相应的培训，这样的人才培养和发展体系才是符合企业未来战略的。一些与企业发展不相符甚至相背离的人才体系，极有可能使企业偏离目标、迷失目标，走上一条“不归路”。同时，人才培养和发展体系还要符合员工个人的职业生涯规划，这是人才战略得以执行和实现的基础。

许多领导者在工作中只是追求在企业经营上的最大成功，而忽视了员工希望得到的回报和承诺。企业在培养人才的过程中，如果只是遵循自己的需要去提供培训课程，而丝毫不管员工的个人愿望，那么员工也不可能会专心致志地参与培训，这样的培训是低效甚至无效的。只有员工的发展箭头和企业的发展箭头方向一致时，他们才会拿出最大的学习动力并学以致用。

还有许多员工的职业生涯规划比较模糊，不知道自己想要的发展前景是怎样的。对于这类员工，企业的人力资源部门要主动地提供必要的帮助和支持，此时不妨通过科学的方法评测员工的性格、兴趣、能力等，帮助员工找到最适合的工作，帮助他们设计一个合理的个人规划。

4. 人才战略与工作实践紧密联系

人力资源专家提出，课堂式培训在人才战略中起到的作用仅占10%左右。虽然这10%的作用不可忽视，但仅仅依靠这种课堂式培训显然是不够的。培训教给员工的，仅仅是一些理论知识和技能，这些知识和技能能否应用到实际工作中去，切实地提高员工个人的工作效率，关键还在于要在实践中磨炼并融会贯通。

工作实践式的培训，主要的方式方法就是岗位轮换，向员工提供新的岗位，让员工参与新的项目等。通过岗位的轮换，在日常的工作过程中找出员工真正擅长和喜好的岗位，以此寻找和培养对应岗位的最佳人才。

有许多领导者都声称自己对岗位轮换制度非常重视且确实地执行了，但实际上可能只是随兴为之，在企业运营留有余地时才偶尔实行一次轮换。岗位轮换真正困难的是有计划、有系统地长期坚持实施，这对于领导者的能力是一种巨大的考验。在英特尔公司内部，岗位轮换已经发展为一种固定的制度和文化，而这也为英特尔的各个部门带来了活跃的动力和充足的人才补给。

许多领导者考虑到企业效率的问题，认为用新手不如用老手，因此就不愿意实行岗位轮换，认为这会显著地降低企业的整体效率，带来一些运营问题。但是这种重眼前轻长远的短视做法，只会使整个企业的人才战略陷入停滞，无法发掘和培养出各个岗位上的最佳人才。

将理论与实践结合起来，企业内部就更容易形成人才发展的文化。人才发展的文化是一种具备包容性和前瞻性的文化。把相应的人才放在能最

大限度发挥其个人能力与价值的岗位上，无论对于企业还是员工，都是一种最好的人才战略。

领导者人才战略的四大要素是一个有机的整体，领导者的亲身参与和支持是人才思想和人才文化的准备和表现，建立完善的人力资源管理体系是人才战略实施的基础，而人才培养和发展体系以及工作实践则是人才战略施行的具体原则和方法。只有这四大要素共同作用，领导者才能制定出一套切实可行又卓有成效的人才战略。

领导者的选人之道：发现长处

著名管理学家彼得·杜拉克说过：“用人的精髓不在于如何减少人的短处，而在于如何发挥人的长处。”

人才，不是十项全能的超人，而是在某方面有突出优点的人。但人无完人，每个人都肯定会有缺点，有某方面能力的缺失，可这不应该成为领导者选人的依据。领导者应当根据相应职位的特点和需要选择有对应优势的人才，需要什么能力就在选人时关注这项能力，尤其对于管理层人才的选拔更是如此。

美克德公司是一家经营唱片和音响的企业集团，但在经历第二次世界大战后该公司的业务受到严重的冲击，最终被松下电器接管。为了使美克德公司能迅速复兴，松下幸之助选择了曾担任海军上将和外务大臣的野村吉三郎作为经理统筹美克德公司的唱片业务。

松下幸之助的这项决定受到了许多人的质疑和反对，因为野村本人并没有丰富的经商经验，野村本人也坦诚，说自己对音乐、唱片一窍不通。有一次在公司的干部会议上，有一位与会者提议与美空云雀签约出唱片，但野村却问：“美空云雀是谁?”美空云雀当时可谓全日本最红的歌星，一个唱片公司的经理居然完全不知道，人们都纷纷议论这样的经理怎么能带好公司呢?

不过，松下幸之助却不这么认为。诚然，野村不认识美空云雀，不懂音乐，也不懂唱片技术和业务，但是他会用人，会带团队，而且既谦虚又好学，知道身为一个领导者应该去做哪些事。当时的美克德不缺专业的技术人才，但是却没有一个善于领导的人。而在野村的带领下，每个有才干

的人都能最大限度地发挥自己的长处，这对于一个团队和公司来说才是最重要的。

一个不懂音乐的唱片公司高管，看似不可思议，可实际上这样的情况在整个商业领域中并不少见。管理层人才需要的是相应的管理知识，需要的是带团队的水平和擅长沟通的性格，而非一些专业性的能力。所以，不同岗位的能力需求关注点不同，选择长处与需求相匹配的人才才是领导者的选人之道。

在中国的企业中，领导者总是不自觉地寻找样样精通、毫无瑕疵的全才，反而错过了许多拥有某种特长的优秀人才。在科技迅速发展的现在，全才就更加难以寻求，也更加难以适应现代企业。因为所有领域经过多年的深化发展，专业化程度都越来越高，人们很难在多个领域都取得很高的成就，样样通却样样都不精的“全才”很难使企业实现突破。

中国领导者寻求“万能人才”的心态也有一部分原因是受传统观念和文化的影响，这种差异在很多领域都影响着东西方看待人才的不同方式。比如，在篮球界有一个很奇怪的现象，一些在中职篮无人问津的边缘球员来到水准更高的美职篮反而能发挥出巨大的作用。一些专业人士曾做出这样的解释：“中国篮球总是会先关注球员的缺点，认为这个球员缺点比优点还多，不堪大用。而美国篮球则是先关注球员的优点，最大限度地发挥球员的优点，然后再用整体的力量去弥补他们的缺点，各司其职。”

尽管体育和商业是风马牛不相及的两个领域，但是这种思想对于企业领导者同样有着重要的参考和借鉴价值。

短处自然不能完全忽视，关键要看这种短处是否对相应岗位的工作产生影响。比如，企业的市场部有一些业绩非常突出的业务员，但在升为团队经理后，整个团队的业绩却一塌糊涂。因为他们的长处是业务熟练，但是协调统一、沟通交流能力不强，而这恰恰是团队经理需要的能力。

所以，领导者在招聘、提拔人才时，不能只是关注人才的学历、专业、业绩等，性格、意志、抗压能力等同样也是要着重考察的因素，这就需要领导者能够做到“慧眼识人”。慧眼识人是一个领导者最重要的能力，而这项能力的核心就是发现人才的能力特点，给他们安排最合适的工作，而不是去不断地给员工“挑刺”，或者是重理论而轻实践，选择一些无法实际胜任工作的人。

领导者的育人之道：重视培养

许多企业的领导者不重视培养下属，或者就是走走过场，偶尔开设一次培训或讲座。一方面，开设专业性的培训课程，聘请专业的讲师，都是不小的花费。另一方面，领导者觉得员工未必会认真学习，无法保证效果，也会占据一些工作时间，影响企业效率。因此，许多领导者更倾向于让员工自行成长，而不愿在培养员工上做出投入。

不过，这是一种极其短视的做法。著名的企业管理学教授沃伦·贝尼斯说过："员工培训是企业风险最小、收益最大的战略性投资。"从外部引进人才也是企业的一种寻求人才的方式，但如果不论大小职位，一概采用这种做法，企业就难以保持稳定。这些"空降兵"不仅需要企业付出更多的工资成本，而且还有着与企业价值观不合、随时跳槽的可能性，更会降低企业老员工的积极性。"空降兵"式的人才战略看似简单省时，但与自主的人才培养相比实际上是一种成本更高、风险更大的方式。

零售巨头沃尔玛常年占据着"世界500强"榜首的位置，之所以能够达成如此成就，既不是完全依靠卓越领导者的带领，也不是依靠一批MBA（工商管理硕士）高级管理人才，更主要的，是依靠广大勤恳好学、踏实苦干的普通员工。沃尔玛重视培养普通员工，每一个员工在他们眼中都是可塑之才，"人才低消费"的理念和模式缔造了沃尔玛的商业奇迹。

关于如何对待人才，沃尔玛与大多数企业相比显得与众不同。许多企业在寻求高等人才时，往往是通过一些"懒"方法，用高薪和优厚的待遇，通过"挖墙脚"来获取人才，而沃尔玛则更加倾向于从已有的员工中培养、选拔人才。

沃尔玛的管理人员中，有60%是从小时工做起的，高学历、好资历的员工未必一定能够引起领导者的赏识，除非他们能够在实际工作中以出色的业绩证明自己的能力。每一个沃尔玛的员工，无论出身、年龄、学历、背景，都能够受到一视同仁的培养，都有机会得到能力或职位上的提升。这种人才培养制度为沃尔玛提供了源源不断的、与公司价值观相吻合的人才补给。

沃尔玛重视培养人才，已经不局限于停留在制度层面，而是形成了一种企业文化。这种文化的熏陶不仅使各个阶层的管理者都用一种正确的思路去培养员工，而且还使员工自身能够自发自愿地去学习，保障了培养的效果。

许多领导者一想到培养人才就想到培训，只会用一种压迫式的灌输教育去“强迫”员工学习，这种方式的效率自然十分低下。人才培养的途径和方式是多种多样的，而核心就是要营造一种学习文化，从精神上保障人才培养的效果。

企业可以在各个部门内建立学习资料库，将对应岗位的实际操作知识和相关能力培养的书本、视频教材等提供给员工，或者让员工自由借阅，引导员工自我学习、自我提升。在设置培训课程时要注重实用性，照顾到员工的学习兴趣及能力水平，让员工能够学以致用。在工作实践中，要给予员工充足的犯错空间，不要员工出了一点差错就将其调离岗位，这样不仅不利于员工能力的培养，也会打击员工的自信。

企业的成长离不开员工个人的提升，所以，由领导者牵头，打造一套完善的人才培养体系，全方位保证所有员工都有机会提升，都能够得到提升，这才是企业人才资源的源泉。

领导者的用人之道：量才适用

领导者用人，一定要保证人才的能力和职位相匹配。如果高能力人才得不到重用，一直做着基层工作，不仅是一种人才资源浪费，也会使人才愤愤不平，最终使人才另谋高就。而如果低能力人才身居高位，不仅无法服众，也容易在工作中“添乱”。

量才适用的“才”，不仅指学历、证书这些理论性的学习凭证，更重要的是看其能否在实际的工作中切实地做出一些成绩。我国乃至世界的许多企业，在人才竞争愈演愈烈的环境下，也毅然决然地加入到“争抢”人才的行列中，但走上的却是一条弯路。许多企业就连一般的基层岗位员工都是非研究生、硕士生不可，丝毫不问实际需求。到最后，绩效没看到有多大起色，员工反而频频跳槽。

美国的安然公司曾是世界上最大的电力、天然气以及电信公司之一，连续六年被《财富》杂志评为“美国最具创新精神公司”。

随着公司发展为巨型企业之后，安然越来越注重表面上的名气，不惜成本地引进顶尖人才，每年都要吸收大约250名拥有MBA文凭的专业人士，而丝毫没有去详细地评估这些高价引进的人才是否对企业绩效产生了确实的推动作用。安然公司表面上看似光鲜亮丽、人才济济，实则早已陷入了经营危机，内部由于缺少实干的人才，已经被侵蚀得千疮百孔。

于是，安然的高管们策划了一起长达数年的系统性财务造假，用违法的手段维护着公司的虚伪形象，最终东窗事发，公司宣告破产，震惊了全美。

说起安然公司，许多人首先的关注点就在于其“震烁古今”的巨型财务造假案，但安然堕落的根源在于其不恰当的用人制度。安然的主要领导者在取得崇高的地位后就不再重视人才，只看学历不看能力，人才的能力与职位严重不匹配。巨大的人力资源开销却没能换来相应的成果，而且也影响了企业的创新能力，导致资金链断裂，最终走上了一条不归路。

领导者在用人时，应当遵循以下 4 个原则。

1. 因事设岗，人岗匹配

许多领导者在工作中采用的是“因人设岗”，丝毫不考虑企业的需要，其结果就是产生了一些“闲职”。岗位的设置要严格遵照企业发展运营的需求，实现最小化，依照对应岗位选择最合适的人选，让每个人都有事可做，这样就不易产生责任的推诿和工作的懈怠。

2. 工作目标要有挑战性

领导者可以给相应岗位的人才设置一个稍高于他们现有能力的目标，这样他们工作起来时会更有动力、更有信心。如果员工没能完成这个较高的目标，领导者要及时给予帮助和支持，而不能用惩罚的方式去打击员工的自尊和自信。

3. 岗位动态调整

如果员工与相应岗位确实不相匹配，或是不能发挥出自己的全部潜能，领导者应当及时做出岗位调整，而不是死板地非要等到一定任期后才做出调整。让员工用最短的时间多换几次岗位，找到最适合自己的工作，更能实现员工和企业的双赢。

4. 加强考核评估

人才的选择和任命要通过严格科学的考核评估制度，做到标准化、公开化、透明化，这样不仅是为了能更准确地选择人才，也可以让所有员工信服，让他们明白晋升是靠成绩而不是靠关系，他们也会更加努力提升自我。

量才适用不是靠领导者自己的主观选择，靠自己的喜好、表面的认识去识别人才，而是要用一套科学有效的制度去评估人才、任用人才，这样才能做到准确无误、人心所向。

领导者的留人之道：共同发展

许多领导者之所以不愿将过多的时间花费在发掘和培养人才上，很重要的一个原因就在于担心辛辛苦苦将人才培养出来之后，他们会跳槽或被其他企业挖角，自己在培训上花费了巨资，结果却落得一场空，为他人做了“嫁衣”。

不过，这种做法完全是“因噎废食”，因为担心人才流失而不去培养人才，只能是不断降低企业的竞争力。身为领导者，不应该将注意力放在如何防止人才跳槽或被挖墙脚之上，而是要用共同发展的领导方式去留住人才，营造一种重视人才的文化来防止人才流失，让人才甘心自愿地为企业效劳。

浙江卡拉扬是一家集设计、生产、销售为一体的集团型箱包企业，现时共有四个在市场上深受欢迎的箱包品牌。卡拉扬始终坚持以人为本，坚持员工与企业共同成长、共同进步，这体现在他们对于员工职业生涯规划的重视程度上。

卡拉扬对于每一个进入企业的员工，都协助他们制定自己的职业生涯规划，赋予员工明确的发展目标。然后构建一整套培训、考核、晋升制度，保证员工能够按照自己选择的道路发展提升。同时，会有专门的人员不断跟踪员工的职业生涯规划完成进度，发现员工的困难和阻碍后及时提供专业性的帮助和疏导，或是引导员工调整职业生涯规划，向着自己擅长的领域发展。

卡拉扬的这一整套人才发展体系，使员工对自己的职业生涯规划有了更加清晰、理性的认识，员工的职业生涯规划不再是一句空洞的口号，而是一

个可分解、可实施、可以通过员工自身努力一步步实现的明确的计划。

在2011年中，卡拉扬的高层管理人员的流失率为0，中层员工的流失率低于5%，超低的人才流失率为卡拉扬的稳定发展提供了保障。

人才流失是让所有领导者都头疼的问题，旧人走新人来，领导者需要重新培养人才，灌输企业文化，不仅无法使企业全速运转，也浪费了许多时间和资源。这时，领导者就会绞尽脑汁想办法留住人才。企业留住人才的方式很多，有的企业选择用高薪酬、高福利留人；有的企业靠与人才建立情感联系来留人；有的企业靠领导者的独特个人魅力留人……但在所有留住人才的方法中，最根本、最有效的还是用共同的发展前景去留人。

人才在选择企业时，不是只看企业现状，更关注企业的未来，谁也不愿意在一个不断走着下坡路的企业中挣扎。而如果一个企业蒸蒸日上、生机勃勃，即便现在规模很小，也能够留住推动公司发展的员工。同时，企业的发展要与员工的发展保持同步，如果企业壮大了，而员工的地位却越来越低或原地踏步，自然不会有人才愿意留下来。

所以，英明的领导者会根据自己手中的“菜”去“做饭”，而不是万年不变地做着“青菜炒豆腐”。如果手下有足够优秀的人才，可以考虑去拓展企业的相关业务，让这些人才充分发挥自己的才干，对企业的发展壮大也是一种直接的刺激。

企业和员工之间，不仅仅是利益共同体，而是一种更为紧密的共生关系。员工不发展，企业就没有前进的动力；而企业不发展，员工就无法实现个人价值。领导者要坚持以人才为中心，用美好的事业留住人才，实现企业与人才的共同发展。同时，要打造出一个充满挑战性、竞争性，让人才能够充分发挥自我能力的大舞台，如果企业的发展上限不符合人才的发展上限，低于人才对于未来发展的期待，人才就会去寻找适合自己的更大的舞台。

第五章

法则 4：团队 > 个人

保持我所在的团队始终处于一流水平，是我最重要的工作和贡献。

——史蒂夫·乔布斯

在 20 世纪初期，绝大多数企业还处于个人英雄主义的时代，一个伟大的领导者仅凭个人的“英明神武”就能成就一家企业。而如今，单打独斗的时代早已过去，取而代之的是团队精神。没有一个团结一致的团队，就难以在竞争不断加剧的商业世界中生存。

即便是名声响亮的如比尔·盖茨、乔布斯等人，也不是单凭自己的能耐就建设了举世瞩目的企业，拥有强有力的团队才是他们成功的根本原因。

个人助推团队，团队成就个人，这是时代的真理，是决定企业成功的秘诀所在。

团队与个人

每一个企业都是由个人组成的，但更是由团队组成的，个人只有融入到团队之中才能更好地发挥出自身的能力和作用。团队是由员工和管理层组成的共同体，它合理利用每一个成员的知识和技能开展协同工作，共同探讨问题、解决问题，最终完成共同的目标。

任何一个团队，都是由五大要素构成的，分别是目标（Purpose）、人（People）、定位（Place）、权限（Power）、计划（Plan），这被称为团队的“5P”要素。其中，人是团队的核心力量，团队的任务最终需要落实到成员身上，团队的目标最终需要成员共同实现。而目标为团队指引了方向，权限与定位规定了团队的权利和义务，计划则为团队具体的工作提供了指导和保障。五大要素共同构成了团队的整体，任何一个要素的缺失都会使团队工作出现严重的问题。

没有最完美的个人，只有最完美的团队。每个人都有着各不相同的缺点，这些缺点是耗费一生都无法完全改变的。但是不完美的个人集合在一起，向着共同的目标相互支持、相互弥补，就能够成为一支完美的团队，实现许多“丰功伟绩”。

杰克·韦尔奇说过：“我的成功，10%是靠我个人旺盛无比的进取心，90%则是全凭我拥有的那支强有力的团队。”

博士毕业后，年仅24岁的韦尔奇雄心勃勃地进入了美国通用电气，公司让他负责一项新材料的研发。工厂很快建立了起来，但是韦尔奇和他的团队奋斗了三年，却始终找不到突破口。当时的韦尔奇年轻气盛，整个团队在他的影响下都陷入了急躁状态，由于一次操作不当，工厂发生了爆炸事故，所有努力化为乌有。

不过，公司并未处罚韦尔奇，反而让他继续带领团队。韦尔奇反省了过去工作中的问题，更多借助了团队成员的智慧，稳扎稳打地开展研究。几年之后，在整个团队的齐心协力下，名为“诺瑞尔”的新材料研发成功。这种新材料后来被广泛应用于汽车车身、计算机外壳以及各类器具之上，产生了巨大的经济效益，杰克·韦尔奇也晋升为了材料部门的总经理。

杰克·韦尔奇是一位大家公认的人才，即便是刚刚进入通用电气时，也是满腹经纶，有着极强的专业能力。但这样的韦尔奇也不是完美的，年轻的他急功近利，给公司带来了巨大的损失。不过，在经历挫折后韦尔奇及时调整了自己的作风，团结团队、依靠团队，利用团队的资源和力量实现了突破，最终成就了自己和团队的成功。

杰克·韦尔奇的这段“菜鸟时期”的经历，让他彻底明白和了解了团队的重要性。所以，在他后来成为通用电气的CEO，功成名就之后，说了这样一句话：“你可以拿走我的企业，但不能拿走我的团队，只要我的团队还在，我就能再开创一个更加辉煌的企业。”

但凡成功的企业，团队利益总是要高于个人利益。企业中的各级管理者都应该将企业整体利益放在最高位置，部门利益次之，个人利益放在最后。这个简单的道理许多人都明白，但到了实际的工作中就未必能够始终贯彻。许多领导者和管理者总是习惯性地以自身或自己的团队和部门作为思考问题的中心，武断地认为自己的决策才是正确合理的，将责任的归属全部推脱给其他人或其他部门，丝毫没有考虑企业或团队的总体目标。这样的做法是无法取得最终的成功的，而团队没能实现成功，个人自然也无法实现一丝一毫的成功。

许多的创业公司之所以“短命”，是因为在刚刚取得了一个良好的开

局后，企业的领导者不是思考和谋划未来的发展布局，而是拿着宝贵的利润购买豪车、豪宅，恣意挥霍，用来满足自己个人的欲望，最终导致公司现金流亏空、资金链断裂，直接走向了破产。

这样的例子不胜枚举，团队成员之间缺乏沟通、缺乏联系，工作中各自为政，以自我为中心。出现问题后也无法去协调解决，只是不断地相互推诿责任，最终团队距离设定的目标越来越远，成员之间也都分崩离析，另寻去处。

所以，企业的领导者应当主动地去扮演“团队合作协调员”的角色，不能只突出自己或是某些人的才干，就忽视了团队合作的重要性。团队成员之间，团队与团队之间，都需要开展合作，而这就需要团队领导者先树立一个“重视团队”的正确思想。尤其对于在企业中占据绝大多数的中层领导者来说，一定要把握好自己的角色定位，要让自己成为下属与企业高层之间沟通的桥梁。中层领导者不要把自己同“老板”等同起来，认为团队成员就是自己的“雇员”，趾高气扬地下达各种命令，这样不利于团队的整体凝聚力。当然，也不要为了和下属打成一片就把自己同“雇员”等同起来，与团队成员联合起来同企业做利益上的对抗。这些都是不可取的做法。

领导者正确带领团队的方式，应当是以企业和团队的利益为重，同时兼顾到团队成员的个人需求，做好两者的协调统一，使企业运作效率达到最高点。

领导者对于团队和个人的4种态度

领导者要想正确地组建和带领团队，就要有一个正确的思想和认识，尤其要辩证地看待团队和个人两者之间的关系。

根据一个领导者看待团队和个人关系的不同，可以分为4种态度。

1. 团队与个人仅凭主观认识混淆对待

一些领导者对于团队和个人的关系在心中并没有一个明确的定义和标准，他们仅仅是凭借个人当时的情绪和喜好去处理团队和个人问题。发生在不同时间的相同问题，可能第一位涉事的员工受到了处罚，而第二位涉事的员工就由团队帮他处理了过失。

领导者的这种态度，显然是有问题的。领导者没有一个统一的执行标准，就会让员工产生混乱，员工无法明确哪些是可以容忍的过失，哪些是无法容忍的过失。而一旦发生问题，领导者实行了两种截然不同的对待方法，就会激化团队的矛盾，使团队成员“怨声载道”。

2. 将个人凌驾于团队之上

有一些领导者过于迷信个人，尤其是拥有特殊才能的个人的力量，对他们特别对待，甚至凌驾于团队利益之上。或者是以自我为中心，脱离于团队之外，以满足个人利益为优先，将功劳据为己有，而将责任推给团队成员。这两种态度，都是不具备团队精神的、自私自利的行为。

任何一个人都是团队的一员，都要遵从团队的整体利益和精神，领导者本人也不例外。如果领导者对团队差别对待，同样的错误，对待自己认同的人才就宽大处理，对待其他成员就从重处罚，这样的行事作风又怎能

获得团队一致的认可呢？最终，只会使团队中的大部分员工远走高飞，只剩下领导者自己或少数几个领导者的“亲信”，这样的团队也就失去了战斗力。

3. 用团队去压制个人

团队利益大于个人利益，但有些领导者片面地理解这句话，走上了另一个极端。他们运用一种不合理的规则去强迫团队成员无条件服从，去压榨成员的切身利益。团队成员辛辛苦苦地付出，却没能得到相应的报酬，向领导者提出自己的不满时，领导者就拿出团队利益这面“挡箭牌”，将团队成员的意见拒之门外。

团队利益大于个人利益，是指不能为满足自己的私欲去损害团队，而不是不管三七二十一，剥夺成员应该得到的利益。物质需求虽是最低层次的需求，但却是与个人生存息息相关的最基本需求。辛苦工作却换不来相应的待遇，那么团队成员又怎么会愿意全力以赴地投入呢？

4. 团队与个人和谐共处，互利共赢

这是现在广为提倡的对待团队与个人的态度。在保证团队利益的同时，要最大限度地满足成员个人的需求，这样的团队才是健康的、发展的团队。

“皮之不存，毛将焉附”，没有了团队，个人也就失去了归属，最终只能“流亡”他处。同样，如果仅有团队而缺乏充足的个人，那么也就像一张没有毛的皮，只能让企业饱受着寒风的侵袭。

企业的领导者应当审视自己，评价自己当前对待团队和个人的态度属于以上四种态度的哪一种。要及时反省态度上存在的问题和错误，树立一种积极正确的态度，用辩证的观点去看待团队和个人，用妥善的原则和制度去协调团队与个人的关系。

团队建设是领导力的命脉

现实中有些人会感叹，当领导真好，整天都不见他们做什么工作，只要神气地发号施令就行了。当然，领导者听到这些话时可能会觉得好笑，领导者之所以成为领导者，是因为他们的工作不是流于表面的，不是其他人能够一板一眼地看到的。但是领导者的各种工作不轻松也至关重要，而其中的核心就是团队建设。这是领导力的命脉所在，没有团队，领导力也就无从谈起。

迪士尼的创始人之一华特·迪士尼有一次“接见”了一位“小客户”，一个钟爱迪士尼世界的小男孩。小家伙见到了自己所喜爱的角色的“父母”，显得十分兴奋，不断地提出各种问题。

“您好，请问是您创作了米老鼠、唐老鸭吗?”小男孩问道。

“不，是我们的设计师创作了它们。”华特·迪士尼笑着回答他。

“那是您想出那些好玩的点子吗?”

“不，是我们的编剧创作了那些天马行空的好故事。”

“那您负责画图吗?”

“不，我们有专业的画师做这些工作。”

“那您到底做什么工作呢?”小男孩彻底困惑了。

“我的工作就是把这些有才能的人集结起来，建设一个团队，让他们都能做自己喜欢的、擅长的事情。”华特·迪士尼自豪地说道。

设计师、编剧和画师，如果让他们独自工作，可能就没有美妙的迪士尼世界的诞生。但是，华特·迪士尼通过将这些具备不同才能和特长的人

才聚集起来，让他们在团队中最大化自己的能力，从而铸就了伟大的成果。聚集能够解决问题的最优秀的人才组建团队，而不是想着亲自去解决所有的事情，这正是领导者的典范。

“木桶原理”是管理学中的一条重要法则，对团队建设有着重要的参考价值。该理论提出，木桶的价值大小在于其盛水量的多少，但决定木桶容积的不是组成木桶的最长的那块木板，而是最短的那块木板，这块最短的木板就成了木桶盛水量的限制因素，被称为“短板效应”。所以，想要让木桶的盛水量增加，就要更换短板或将这块短板加长。

企业中的团队就像一个木桶，团队中的成员面临着一个共同的问题和任务，但成员之间的能力却必定是参差不齐的，而其中最劣势的部分往往直接决定着整个团队的水平。所以，领导者在建设团队时，不能只关注团队中能力最强的几个人，更要关注团队中能力最弱的人群，让他们提升自我或弥补缺点，这样才能提高整个团队的战斗力。如果迟迟没能得到提升，就要果断地将这些能力较弱的人更换掉，避免“一只老鼠坏一锅汤”。

“木桶原理”还提到，木桶的盛水量还决定于木板之间是否连接紧密。如果木板与木板之间存在着各种缝隙和漏洞，那么即使往木桶里灌水，也会很快地流失。所以，在建设团队时，一定要寻找相互契合，能够开展紧密合作的成员。当团队不够团结或是工作进展不顺利时，就需要领导者“修修补补”，通过建立制度或引入相应的人才去弥补这些漏洞。

团队建设并非一蹴而就的，每一个团队得以最终形成都需要经历4个阶段。

1. 组建期

团队不是从天而降的，而是需要领导者去搜寻相应的人才并组建起来的。刚刚组建的团队，成员之间的动机、需求、观点各不相同，彼此之间缺乏了解和信任，整个团队也没有形成一种统一的文化和纪律，大多数成员还是各自埋头于自己的工作，缺乏合作。

在这个阶段，领导者需要尽快地掌握团队的整体状况，掌握团队成员的特征，让团队成员尽快地找到角色、进入状态。领导者要加强管控，不能放任自流，让团队成员自己没头没脑地摸索。但同时也不要管理得太过琐碎，否则团队成员不能很快地理解，工作起来也会畏首畏尾。

2. 磨合期

在经过一段时间的共同工作之后，团队会正式进入磨合期。团队成员之间随着相处时间的增加，会渐渐打开心扉，彼此交流想法，在工作中开展合作，并逐渐培养出默契。不过，这种合作一般是局限在小范围内的，团队成员对于领导者会有较大的依赖性，许多具体的问题和决策都要请示领导之后才会执行。

在这个阶段，领导者在回应下属请示的同时，要给予其正确的思想指导，让他们通过团队内部的商讨学会自主决策，要促进团队整体工作作风的形成，避免“小团体主义”的滋生，这样不利于团队的合作与前行。

3. 激化期

随着磨合期的不断推进，团队成员之间会越来越熟悉，开展合作也会更加得心应手，从而形成团队的开放氛围。这时，团队成员就会更加敢于公开表达自己的不同意见与看法，但也会产生一些矛盾和对立。不过，这种冲突是积极的而非消极的，因为每一个成员都想着让团队变得更好，因此才会发生冲突，这是团队活力的证明。

所以，领导者应当主动地鼓励这种建设性的冲突，当冲突出现之后不要用权力去压制、化解，而是应当通过引导去使冲突达成一个让双方都认同的结论。在容许不同声音出现的同时，领导者也要以身作则，树立一个正确的标准，让成员做任何事情时都能有据可循。这样就能很快地度过这

段略显混乱的时期，建立一支成功的团队。

4. 成就期

在顺利通过以上三个团队建设时期之后，就能形成一支强有力的团队。团队所有成员之间都有强烈的一体感，拥有共同的信念，同时能直言不讳地沟通交流、开展合作，使团队以最合理的方式完成一项又一项挑战，爆发出前所未有的能量。

在完成团队建设之后，领导者的使命尚未结束，而是要始终站在高点，从全局的角度去引领团队，并始终保持一种危机意识。领导者要始终给予团队适量的刺激，促成团队保持成长的激情与动力，防止团队迅速老化。

团队结构选择："互补"而不是"同质"

在建设团队、选择团队成员时，领导者一定要始终坚持一个原则，那就是实现成员"互补"而不是"同质"。

同质化团队是许多领导者在团队建设时容易陷入的误区，同时也很不利于团队的健康发展。一些领导者总是凭借自己个人的认识和喜好去选择"合得来"的团队成员，他们认为这样的团队带起来更轻松，和团队成员的沟通交流会更加顺畅，不会产生太大的矛盾。殊不知这样建立起来的团队，在具备相同优点的同时，也会具备同样的缺点，这种团队是十分脆弱的。团队始终存在着无法解决和避免的软肋，而且一旦发生冲突可能就会无法调和，直接导致团队涣散。

团队的互补，要兼顾能力和性格两大方面。团队工作是一个负责的流程，每个人都有明确的分工，而不同的分工对执行者能力的要求也各不相同。如果所有的团队成员的能力特点都相差无几，那么就很难适应所有的团队工作。

团队成员的性格互补也很重要，团队不是压制成员个性的枷锁，而且这也绝非短期能轻易改变的。如果一个团队中全是热血沸腾的人，可能就会头脑简单地横冲直撞，最后闯下大祸。而如果一个团队中全是过于冷静的人，就会缺乏相应的活力，在面对问题时就会缺乏一丝决断。

所以，一个运作良好的团队需要各种担当不同角色的成员，相互协调完成整体的工作。对于团队角色的定位和选择，领导者可以参考"贝尔宾团队角色理论"。

贝尔宾博士是剑桥产业培训研究部前主任，经过多年的研究与实践，提出了著名的"贝尔宾团队角色理论"。该理论表示，一支结构合理的团

队应该由八种不同的角色组成，这样才更有利于开展默契协作，实现高效的团队工作。这八种角色分别为：

1. 执行者

执行者的作用是将团队中已经取得一致的意见和计划等进行进一步统一整理，筛选出其中哪些是能够实现的，哪些是无法实现的，最后再将这些建议和计划转化为切实可行的具体步骤方案。

团队中的执行者要求具备组织能力、实践经验，工作积极勤奋、无事可靠，并且有强大的自我约束力。

2. 协调者

协调者的作用是从根本上明确团队的目标和方向，在事前选择需要决策的问题，并明确这些问题的先后顺序；在事中帮助团队中的角色分工、责任和工作内容等；在事后总结团队的感受和成就，给予团队综合性的建议。

团队中的协调者要求沉着冷静，有控制局面的能力，对待各种价值观不同的意见都能够不偏不倚地兼容并蓄，从客观的角度看待问题。

3. 鞭策者

鞭策者的作用是寻找和发现团队中需要讨论和决策的问题，然后推动团队达成一致的意见，哪些问题得到了认同，哪些问题没有得到认同，不断促使团队内的具体任务和目标逐渐成形。

团队中的鞭策者要求具备主动探索的精神，思维敏捷、性格开朗，始终充满干劲并敢于向团队中存在的各种问题发起挑战。

4. 智多星

智多星的作用是针对团队中存在的或正在商讨中的问题敏锐地提出自己的意见和建议，会主动接触观点不同的个人或群体，开展磋商性质的会谈，并通过及时地引入外部信息，促成内部决策的完成。

团队中的智多星要求有较广的知识面和丰富的想象力，思想深刻且独特，能够不受传统思想的禁锢提出有创意的观点。

5. 审议员

审议员的作用是分析团队中现有任务的问题及其执行状况，整合各方的材料，剔除重复内容进行简化，并澄清模糊不清的问题，统一形成一个简洁清晰的资料，并对他人提供的判断及其具体作用做出分析评价。

团队中的审议员要求始终保持清醒和理智，分辨能力强，能够谨慎正确地做出判断，始终站在实际的角度不受外界因素的干扰。

6. 凝聚者

凝聚者的作用是促成整个团队的团结合作，解决团队工作中的不合和僵局。在团队成员工作遇到困难时，要主动给予对方支持，帮助对方渡过难关；在讨论陷入沉默和对立时，要主动发言，打破僵局；在团队思想和行动出现分歧时，采取行动扭转现状，促成团队向着统一的目标和方向前行。

团队中的凝聚者要求具备较强的环境适应能力，擅长人际交往，能够迅速地与他人打成一片，能够敏锐地发现团队中的不和谐因素并及时予以协调解决。

7. 完成者

完成者的作用是全程监控，促成团队任务的达成。要随时强调任务的目标要求并制定出细致的活动日程表；在实际工作中寻找和发现原有方案中的错误、遗漏和疏忽，并进行完善修正；要动用不同的督促手段刺激团队成员积极投入工作，并使团队成员感觉到时间紧张，产生一种紧迫感。

团队中的完成者要求具备完美主义思想，能够持之以恒、勤奋有序地投入工作，并且始终保持紧迫感，防止团队出现懈怠。

8. 专业师

专业师的作用是提供专业性的知识、技能、经验，是团队任务完成的基础。任何一个行业中的团队都需要有确实“懂行”的人参与进来，如果团队中的人对于相应的工作都是一知半解，那么就算有积极的热情和强大的凝聚力，也很难达成最终的目标。

团队中的专业师要求能够提供某种不易掌握的知识、技能、经验等，并能将自己的能力主动自觉地贡献给团队。

企业的领导者应当按照上述理论，通过各类问卷调查和评估测试挑选出对应角色的成员，组建一支完整的团队。这样一支能力互补、个性互补的团队，能够有效地抵制各种来自于内部及外部的风险和冲击，始终以最佳的状态和效率全情投入到团队任务之中。

依照这一理论打造的团队，就是“互补”而非“同质”的团队。这样的团队具备齐全的角色，因此能实现功能的齐全。同时能够尊重所有成员的个性，包容团队成员的短处，以最佳的精神状态去发挥个人的长处。当团队成员发生变动时，领导者能够根据角色定位的不同，以一个明确的标准去寻找新的成员，始终保持团队的完整性。

团队凝聚力的来源：志同道合

一个团队想要取得成功，必须具备强大的凝聚力，实现“1 +1 >2”的效果。没有凝聚力的团队是一盘散沙，最终只能是“1 +1 <2”。

团队凝聚力的来源有很多，按层次不同可以分为三等。第一层次是权力和利益，团队成员可以单纯因为领导者的命令或追求薪资待遇而凝聚在一起；第二层次是情感和价值，团队成员可能因为共同工作产生的情谊和实现自身价值而凝聚在一起；第三层次是事业和愿景，团队成员为了共同达成一个远大的目标而凝聚在一起。

领导者在建设团队、带领团队的过程中，可以根据不同的阶段或实际情况，灵活地运用三个层次的要素为团队带去凝聚力，但是要始终注意要将团队不断引领至第三层次中，最终实现用事业和愿景去凝聚团队。一支能够长久团结并作出伟大成就的团队，一定是因为团队成员之间志同道合，有着共同的奋斗目标。权力、利益、情感所带来的凝聚力，只能起到一时之用，而不能始终稳定和坚固。

一支探险队进入了撒哈拉沙漠，在经过数天的旅途之后，暴热的太阳、燥热的天气、漫天飞舞的热沙让所有探险队员都口渴难耐、心急如焚。但这时，更糟糕的情况出现了，大家的水都已经见底了，整个团队被一股绝望的气氛所笼罩。

这时，探险队队长拿出一只沉甸甸的水壶，对全体队员说：“我这里还有一壶水，但在穿越沙漠之前，谁也不能喝，大家分时间保管这个水壶。”

所有的队员都心领神会，水壶在队员们之间传递，每个人接触到沉甸

向的水壶后都重新燃起了希望。团队成员之间互帮互助，不抛弃落后的队员，也没有人偷偷打开那个水壶，只是默默地朝着目的地前进。终于，他们顽强地挺了过来，成功走出了沙漠。当大家用颤抖的手打开那只作为精神支柱的水壶时，从中流出的不是清凉的水，而是滚烫的沙子！

这支探险家团队遭遇了足以致命的危机，在这种情况下，利益和感情已经很难维系住团队的凝聚力了，而不依靠团队的力量，等待着所有人的只能是全军覆没。团队的队长深知这一点，他借助虚假的一壶水给予了团队一个美好的愿望，让团队成员想象走出沙漠的喜悦，团队又重新焕发了凝聚力，最终凭借所有成员的共同努力得以从“死亡沙漠”中逃出。

一个团队，总是由兴趣、学历、出身、价值观等各不相同的成员组成的，甚至会出现许多思想上的对立。而让这些“个性十足”的成员能放下彼此之间的分歧，通力合作“拧成一股绳”的最根本的因素就是志同道合，就是为了共同的理想而奋斗。即便成员之间在所有方面都是相异的，只要有共同的愿景，就能产生凝聚力，就能展开团队中的合作。

参与协作，而不是个人英雄

一个健康团结的团队，一定是全体协作的团队，而不是由一个或少数几个人“逞威能”，展现“个人风采”的团队。协作能力也是团队成员的重要的基础的能力之一。

由一个超级英雄引领的团队，看起来很美好，但并非一个健康的团队模式。陷入个人英雄的团队，往往会陷入两极分化的境地。能力强的人解决了绝大多数的问题和工作，同时权利越来越膨胀。能力弱的人就陷入了成长的停滞状态，没有信心、没有动力，对团队的作用越来越小。

团队成立的初衷就是运用集体的智慧和力量避免错误、弥补个体的缺点，从而适应竞争。可以说，个人英雄主义完全违背了团队的存在意义，个人英雄的团队有其形而无其实，实际上是开展着个人的“独角戏”。

建立一个协同合作、没有个人英雄的团队，需要从选择成员的环节就做好相应的控制。在这一点上，苏宁电器就很值得学习。

张近东在经营苏宁电器的过程中，确立了十六字用人观——“人品优先、能力适度、敬业为本、团队第一”。这十六个字虽然看似普通，但包含的意义可并不平凡。其中，“能力适度”就让许多人很不理解。很多企业都在追求能力出众的人才，可苏宁为何却只需要“能力适度”的员工呢？

对此，张近东解释道：“人才只要适合对应的岗位要求即可，苏宁强调的是团队协作、共同进步，而不是依赖个人英雄主义。苏宁的每一名员工可能都不具备凌驾于其他人的能力，但依靠制度和规范的管理，苏宁却能在整体上形成最强的实力，这才是苏宁的竞争力来源。”

从另一方面看，苏宁很少有“空降兵”，很少从同行那里挖角墙脚，而是主要依靠企业自身的招聘和培养去建设团队。这种团队建设方式使成员之间能够更加对等公平地交流，在共同的企业文化影响下，形成统一的“苏宁风格”的团队。

苏宁电器组建团队的原则给我们带来的最大启发就是不盲目追求“超人式”成员，而是优先将能力水平相差不大的成员集合起来。不仅是苏宁，现在绝大多数企业的岗位划分都越来越细致，团队中的每一个成员都只需要专注自己最擅长的工作，通过协作完成团队的整体目标，而不是内外兼顾，一个人处理绝大部分工作。所以，正确的团队结构和岗位结构，是没有个人英雄主义滋生的土壤的。

任何团队中肯定都有比较抢眼的角色和相对不起眼的角色，但是他们的作用都是同等重要的，都需要互相协作。就如我们踢足球一样，在足球中，负责射门的前锋往往是最受关注和欢迎的角色，但是他们也需要中场队友的协助才能更好地发起进攻，需要后卫和守门员坚固的防守才能更专注地投入进攻。各个位置的队员相互协作才能发挥最强大的战斗力，如果前锋只是为了自己出风头就搞个人英雄主义，那么很有可能导致球队的最终失利。

一个相互协作的团队，需要领导者先从思想上摒弃个人英雄主义的情结，并向团队成员灌输合作意识，在团队中营造出团结一致的文化，并借助相应的机制，通过岗位结构建设和规章制度，彻底杜绝个人英雄主义。

“专业化”取代“等级制”

团队建设是为了借助成员之间的不同专业能力，构造出一个更加专业化的团队，而不是去按资排辈，将成员按贡献划分为三六九等，用以彰显一部分人的权威。

在一个大型的团队中，必然会有职位的不同和等级的高低，用以划分具体的权力和职责。职位可以有高低之分，但是团队成员在思想上必须保持一致，必须认识到团队成员在地位和作用上是平等的，没有优劣之分。

锚牌啤酒的所有者兼CEO弗里茨·梅塔格一直致力于建设一个有着专业素养和强大凝聚力的团队。在他在任的绝大部分时间里，雇员规模一直控制在50名左右的全职员工外加5～10名兼职员工。

“我始终认为一个团队要多聘用能干正事的人，不聘用闲人。”梅塔格说道，“这就是我的理念，建设一个小团队，团队中的每个人都清楚自己的职责，每个人都能有事可做，彼此信任、彼此联系，而不是将时间浪费在钩心斗角、争权夺势上。”

小规模的团队能够更方便地进行统一管理、统一行动。每年秋天，梅塔格都会带着所有员工去加利福尼亚的家庭农场中，坐在收割机上观看加工大麦麦芽，这些是他们生产酿造啤酒的原料。梅塔格每年还会带员工去欧洲，花上几个星期的时间去参观欧洲的小酒厂。此外，他还要求员工去参加大学里的酿酒课程。这所有的一切，都是为了提升团队的专业技能，让员工学会鉴赏识别酒的优劣品质。锚牌啤酒的员工，仅从啤酒装瓶时的泡沫就能判断出有哪些问题，这都得益于梅塔格的长期教导。

毫无疑问，弗里茨·梅塔格建设了一个让人羡慕的团队，团队中没有森严的等级，每个人都互相学习、互相交流。梅塔格也没有整天摆出一副“老板”的架势，他更像一位“家长”、一位“导师”，想尽一切方法、不惜一切成本让团队成员去学习、提升专业的知识。最终，这个50人左右的小团队成为了一支具备极强专业能力的队伍。

领导者建设团队、带领团队，不是和乐融融地“过家家”，只是追求团队成员能够和谐共处、工作开心，这样显然是不够的。团队的存在意义是完成共同目标，而共同目标的实现需要所有成员都具备相应的专业知识，不允许任何人拖后腿。

专业化的团队能使所有成员都专注于工作之中，充分发挥出成员的专业知识和技能，而不必像等级制团队那样，要始终观察上司的眼色，考虑如何迎合上司的心意，造成不必要的精力分散。

美国惠普公司的办公室布局采用的是“敞开式大房间”的模式，全体工作人员无论部门和职位，都在一个房间中办公，部门之间只有矮屏分隔，即便是高层领导，也未设单独的办公室。员工之间，无论职位高低都一律直呼其名，只有在客户面前时，才会称呼各自的头衔。

这所有的规则，都是惠普的两位创始人设立的，并一直沿用至今，为的就是创造一种团队成员之间沟通自如、无拘束合作的氛围。

惠普的创始人用一种可以随时面对面交流、对等沟通的环境去引导团队，而不是用森严的等级和条条框框的制度去束缚团队，促成了团队精神的形成，让团队成员之间建立一种信任和理解的氛围。

对于一个团队来说，营造出一种专业、进步、公开、快乐的环境，可以使团队成员更加团结、更加投入，可以免受许多内外部因素的干扰。而这一切，需要领导者从思想和制度上加以确认和引导。

“非正式权力”取代“正式权力”

领导者的权力可分为正式权力和非正式权力。正式权力就是领导者的职位和企业的规章制度所赋予的权力，而非正式权力就是领导者本身的个人魅力。正式权力可以保障团队的执行力，但无法保证团队具备充足的创造力。而在激烈的企业竞争中，仅仅依靠一个只会听从命令、默默执行的团队显然是不够的，企业需要一个或多个具备青春活力、敢于突破创新的团队，而这种团队，就需要领导者用“非正式权力”加以引导。

一个伟大团队的背后，必定有一个个性十足、魅力非凡的领导者，而不是整日板着脸，手握制度和命令的“监工”。领导魅力可以体现在许多方面，比如睿智、幽默、专业、善解人意、胸怀宽广等，领导者的这些特长和优势往往能产生巨大的吸引力，比使用“硬邦邦”的权力能取得更好的效果。

马云没有帅气的外表，也没有专业的互联网知识，但照样能凭借自身的幽默、乐观、包容组建并领导了一支优秀的团队。

马云没有因为自己是老板就自傲，整天颐指气使地去命令下属，相反，他珍视人才，重视团队成员提出的意见和建议。他也没有因为自己不懂技术就自卑，不理智地试图变相地用权力去衬托自己的伟大。

马云说过：“为何阿里巴巴的产品那么受到大众的欢迎？那是因为我不懂技术。因为我不懂技术，所以连我都会使用的东西，广大消费者就一定也能学会使用。在评测我们团队开发出的产品时，我不是一个老板，而是一个普通用户，我不会去关心这件产品有多少科技含量，而只关心它是不是易于使用。”

马云的这段话朴实、幽默，同时也深刻地折射出了他的个人魅力。在这样一个“可爱”的领导者的带领下，这些“心高气傲”的技术人员们才没有产生丝毫不快，而是全身心地投入到了产品开发中。如果马云只是通过自身具备的权力去命令下属，很可能使团队产生对抗心理，“一个什么都不懂的人凭什么命令我?”这样恐怕阿里巴巴早已在创业的艰苦道路中烟消云散了，而不会成为如今的电商巨头。

正式权力并非只是摆摆样子，它是团队稳定的最后一道保险。任何一个组织，无论表面上多么团结，也离不开一种强制力作为牵制，否则当组织成员肆无忌惮时就无法处理。但是，领导者不能肆无忌惮地使用正式权力带领团队，这种缺乏人情味的权力很容易使团队气氛恶化。

优秀的领导者，会用才干和人格魅力这些非正式权力去引领团队，而不是始终摆出一副权力者的姿态去震慑团队。正式权力是他们藏在“武器库”中的秘密武器，不会去轻率地显摆和使用。

第六章
法则 5：授权 > 命令

授权就像放风筝，部属能力弱线就要收一收，部属能力强线就要放一放。

——林正大

身为领导者的你，是否每天被各种铺天盖地的工作弄得焦头烂额？下属不停地向自己请示工作，高层或董事会问你运营和赢利的情况，然后手边还堆着一摞文件等着你去处理……

如果你对上述的情况感同身受，那么就需要重新审视一下自己是不是将权力握得太紧，没有采用适当授权的领导方式。授权是每位领导者提升自我的必经之路，否则他的进阶就十分有限。

对于经营企业来说，每天都会有忙不完的事情，领导者有更大的权力，能站在更高的视角处理工作。但这并不意味着领导者必须事无巨细地亲自处理所有工作，适当地授权给下属让他们自主地去处理，要远比高高在上地发号施令更有效率。

授权与命令

许多企业的管理者只会“管”而不会“理”，这样的管理者自然无法成为优秀的领导者，他们往往将大权紧紧握在手里，按照固定的规章制度和工作流程向下属下达一道又一道命令，让下属按照自己设定的道路不偏不倚地前进。这样的管理方式，对管理者和下属都是一种伤害，自然也无法为企业带来利益。

很多管理者喜欢享受自己对权力的掌控感，他们习惯于指挥下属，并将下属努力换来的业绩中的大部分归功于自己。这种“大权在握”“命令为主”的管理方式，一方面会让管理者承担的压力越来越大，下属凡事都要请示领导，或者是被动地等待管理者的命令，不去主动地发挥自己的能力。而没有一个管理者能够做到“万事皆通”，当工作压力越来越大时，他们的命令总会出现疏漏，造成团队整体效率的下滑。另一方面团队成员过于依赖管理者，逐渐丧失了自主思考的欲望和能力，整个团队对于外部变化的应对能力和应对效率大幅降低。因为所有的决策都需要由管理者做出，下属只有在感受到具体的变化时才会习惯性地向上级汇报。

现代化的企业管理越来越追求扁平化和高速化，整个企业内部没有过多的层级，每个人都能接触到充足的信息，领导者将决策权、选择权、行动权中的一部分甚至全部都下放给下属，让他们能够自主行动、自由发挥，这才是新时代领导方式的主流。这种充分授权的领导方式能够彻底调动员工个人的行动积极性，最大限度地激发出员工的潜能。

卡尔松在接手北欧航空公司时，公司内部系统存在着许多陈规陋习，经营状况也很不乐观。卡尔松下定决心要改变现状，他最初的目标就是先提升公司的最基本的业务能力，将北欧航空公司打造为全欧洲最准时的航空公司。

于是，他四处搜寻能够负责此事的人选，终于找到了一个能力合适的人，于是他主动去拜访并问道：“我们怎样才能成为欧洲最准时的航空公司？你能不能替我找到答案？”这名负责人回答说需要给他几周的时间，卡尔松同意了。

几周后，这名负责人来见卡尔松，对他说：“您的要求我们可以做到，但是大概需要6个月的时间，而且可能需要花费150万美元。”

“太好了！继续说下去。”卡尔松显得很兴奋。

那位负责人显然被卡尔松的态度吓了一跳，他支支吾吾地回答：“等一下，我带了人来，准备向您全方位汇报，告诉您我们具体准备怎么做。”

卡尔松说：“没关系，不必汇报了，你们放手去做就好了。”

四个半月过去了，那位负责人向卡尔松汇报了几个月的工作成果，北欧航空公司已经成为全欧洲最准时的公司。而且，当初卡尔松下拨的160万美元项目资金，只花了其中100万美元。

卡尔松在事后对其他董事说：“如果我当时只是对他说：‘现在交给你一项任务，你要使我们公司成为全欧洲最准时的航空公司，现在给你200万美元，你要如何如何去做。’结果可能就是多花几个月、多花几百万美元才能完成。”

卡尔松面临的情况是许多领导者都会遇到的，一项至关重要的工作，是自己亲自过问，让下属按照自己设定的进度和内容去执行呢，还是充分相信有能力的下属，让他们按照自己的节奏尽情发挥呢？不成功的领导者会选择第一种方式，并美其名曰“谨慎”，可实质上，这是一种怯懦和无能。

对于专业化的工作来说，可能领导者本人并不能提出最佳的方案，如

果仅仅依靠一种自认为可行的方案去执行，当然不是一种最佳的方式。而且乏味的命令会让下属产生倦怠感，即便他们没有主观故意地去拖延工作，也会使工作的进度受到切实的不良影响，使原本的计划延迟完成或花费了更大的成本。

如果换一种方式，让有相应才能的下属大胆地制订方案，并自己测算出所需的时间和预算，领导者给予物质和精神上的支持。这样，员工会充满热情与信心地投入到工作中，并随时做出调整与改善，保证执行方案不断向着最优化发展。

在现代企业中，会授权的领导者才符合员工内心的期望，才是一个聪明的领导者。每一个成功的企业中都聚集了一批来自各个领域的人才，他们有着较高的人生追求。如果只是把这些人才当作企业的一个“小齿轮”来使用，让他们事事听从指挥，事事请示上级，那么他们的个人才智和能力就无法充分发挥和应用，他们在工作中的满意度和成就感也会不断降低，进而产生领导者不信任、不重视自己的感觉，断定自己在这个团队或企业中无法得到快速成长，因此最终选择离开。

授权是向下属提供一个主动性的动力，而命令却是用一种被动性的权力去鞭策下属。因此，很多时候，学会授权要比下达命令更重要也更有成效。平庸的领导者和优秀的领导者的差距，很大程度上是授权能力和技巧上的差距。

合理授权是管理者的“分身术”

管理学教材中有一句让人印象深刻的名言：“一个累坏了的管理者，是一个最失败的管理者。”

一些管理者每天总是不断对他人念叨着“我好忙啊，我真的是太累了”，把忙碌当作是自己的成绩和功劳，却丝毫没有认识到，这对于管理者来说，其实是无能的表现。一个有能力的管理者能够充分利用下属和团队的力量，帮助自己完成一部分的工作，而自己则将所有的精力放到只有自己才能够完成的工作中去，而不是“恃才傲物”，认为所有工作离开了自己都会出问题。

诸葛亮是三国时期蜀汉政权的重要领导者之一，他“鞠躬尽瘁，死而后已”的精神为后世所景仰，是近乎被传为神话的一位智者。

但就是这样一位拥有超凡才智和能力的领导者，却也不擅长授权。诸葛亮生性谨慎，总是认为自己能将各种工作做得更好，于是他日理万机、事必躬亲，结果间接地造成了蜀汉人才断档。而他也过于相信自己的能力，一切大小决策都需要亲自过问，六出祁山结果却无功而返。长期的高强度工作也使得他自己积劳成疾，最终劳累致死。

而在诸葛亮过世后，蜀汉的所有工作都失去了主心骨，再也没有一个有足够能力的人才撑起大局，最终家国破灭。

成功的领导者无论自身的能力高低，都乐于授权、善于授权，最大限度地调动团队各个方面的力量，让每个成员都能发挥应有的作用，为团队的共同目标而奋斗。当今商业环境和竞争的复杂性，使得仅仅依赖领导者

个人的能力极易出现危险。即便是个人能力再强的领导者，其时间和精力也是有限的，如果领导者把全部的时间都用在处理“无聊小事”上，团队又怎么能提升呢？

领导者应把自身的时间和精力集中在处理企业中的主要矛盾上。只有通过合理的授权，领导者才能做到“分身有术”，才能去处理关乎企业生存与发展的关键问题，而不是被大小杂务缠身，“分身乏术”。不懂授权的领导者，只会陷入烦琐的事务性工作中无法自拔，成为一个“事务主义者”，其结果只会是“捡了芝麻丢了西瓜”。

世界著名的CEO杰克·韦尔奇认为，企业的领导者只需要在一些有意义的工作上忙碌，而不是没日没夜地守在办公桌前。

韦尔奇曾说：“有一些领导者告诉我，他每周要工作90小时以上。我听到后连连摇头，对他说：‘你完全错了！请你现在写下20件每周需要让你忙碌90小时的工作，我可以负责任地说，其中至少有10件工作是没有意义或者是可以请下属代劳的。’许多企业领导者只是在追求形式主义，他们推崇勤奋而漠视效率，追求数量而不管收益。勤奋对于成功是必不可少的，但只有在做必要的事时才有积极的意义。所以，领导者在亲自做一件事之前，要先审视一下自己和这项工作：‘这件事必须要做吗？这件事可以请下属为我代劳吗？’”

韦尔奇认为，领导者进行授权，不光是为了让自己专注于更重要的工作之上，也是为了能使下属更快地成长。领导者必须抽出一定的时间和精力去寻找合适的人，并给予他们适当的任务，来激发出他们的动力和信心。这些对于领导者来说，是更加有意义的工作。

作为一名被全世界推崇的CEO，杰克·韦尔奇的“智慧声音”值得所有的领导者聆听学习。不要再将没有时间作为自己和自己的团队没能提升发展的借口了，成功的领导者会合理运用授权为自己创造出必要的时间。

还有一些领导力专家甚至提倡领导者应该学会“偷懒”，这里所说的学会“偷懒”实质上就是要学会授权。领导者不必对所有工作面面俱到，而是要给予下属一定的空间和自主决策权。如果一个领导者“勤快”过了头，下属们无事可做，自然会变得懒惰起来。

管理者的授权不能是任意妄为的，必须限定在一个合理的范畴内，不能把授权和“放养式管理”等同。管理者对于一些有能力、有潜力的下属，可以根据他们的能力适当地授权，告诉他们需要做什么，需要达成什么标准和要求，具体如何去做则完全交给他们自行决定，这才是合理的授权之道。

授权是现代团队和企业高速运作的关键，也是领导力提升的重要环节。通过授权，管理者可以从许多不需要自己亲自完成的工作中解脱出来，将一些有才干的下属培养成自己的“分身”和“代理者”，让自己和下属都能通过从事更具挑战性的工作来不断地提升自身的能力和境界。

授权的能量

授权是一种民主的领导方式和企业文化，它与传统的领导者大权在握、发号施令的独裁式领导方式截然相反。授权是一种权力分工而非分化，是通过集中和借助下属们的智慧更快更好地完成工作。根据目标体系进行合理化授权，不会造成团队内部分化和矛盾，反而会使团队在分工协作的基础上更加团结一致，产生更强大的组织凝聚力。

现代化的领导工作向着组织扁平化、工作高速化、内容复杂化的方向转变，如今已经成为了一种不可逆的趋势。在这种新的趋势之下，传统的领导工作方式已经越来越不能适应环境的变化，不仅仅是效率低下的问题，更严重的，会造成团队和企业的倒退和解散。为了适应日益高速化、复杂化的管理工作，领导者必须要学会授权，用授权来激发团队的整体潜能，促成团队进化。

在21世纪，即便领导者是百年一遇的旷世奇才，也不可能做到对所有事情面面俱到，对所有工作都兼顾自如。在外人看来，乔布斯是一位集所有大权于一身的超级领导人，拥有旺盛的精力和敏锐的才思，凭借一己之力改变了苹果的面貌和地位。不过，在权力集中的背后，乔布斯实际上也是一位非常重视授权、善于授权的领导者。

乔布斯在2008年接受《财富》杂志采访时说过："当你招到了真正优秀的人才，必须让他们承担一部分重要业务，而且赋予他们相应的权力让他们放手去工作。毕竟，你招人才进公司就是为了让他们做事，希望他们能做得比我们自己更出色。而要做到这一点，就不能让他们仅仅管辖自己分内的业务，还要去了解整个公司的方方面面，乃至重大的战略决策，这样他们才会满意、才会成长。”

所有的高级人才必定都心存一定的控制欲，他们希望能控制身边的人或事，这并不是一种膨胀的权力欲，更多的是为了实现对自身价值的认可。所以，要充分发挥这些人才的能力，就必须让他们自己有权力处置并决定一些事情。充分信任下属也是一种能力，即便是超人一般的乔布斯，也从内心希望下属能青出于蓝而胜于蓝。

成功合理地授权，有助于企业的稳定发展，对具体的领导工作也能产生一系列积极的影响。

1. 各级领导者能够集中精力办大事，能有时间去学习新的知识和技能

领导者的进步和提升是企业发展的动力来源，如果领导者始终止步不前，就难以更好地带动下属，带好团队。团队的成长脚步停滞，企业自然也会陷入停滞。所以，做好授权能够显著地减少领导者的工作负担，让他们能从全局出发，学习对企业战略更有帮助的新知识和新技能。这不仅有益于自身的发展，对企业也是极其有益的。

2. 提振团队成员的士气和信心

授权所赋予的不单单是权力，同时还是一种信任。下属在接到授权之后，在执行工作时会信心百倍，他们相信自己已经取得了进步，已经对团队和企业做出了一定的贡献，于是他们会以一种高昂的士气去主动工作，主动寻求突破，在面对困难时也不会轻言放弃，而是会坚持不懈地多尝试几次，多尝试一段时间。

3. 改善上下级关系，建立和谐的团队人际网络

授权不同于集权之处在于，授权能使下属从应付了事的消极被动状

态，转变为人人有责的积极主动状态。领导者与下属之间，不再是主仆关系或者是封建式的君臣关系，而是转变为合作共事、互相支持、逐级负责的现代化团队关系。这将帮助领导者与下属以一种更融洽的氛围，建立起有效的人际关系。

4. 有益于信息的高速传递，提升工作效率

授权减少了许多烦琐而又非必要的请示、审批、回复工作，这就大大加快了整个工作流程的处理速度，提升了整体的工作效率。如果像传统的集权管理一样，一丁点小事就要逐级上报、逐级批复，不仅效率低下，也不利于构建一种良好的客户服务体系。所以，在快节奏的商业活动下，可以适当地让下属独自处理一些事情，只要阶段性地汇报工作成果或是直接汇报最终的结果，这样更有利于应对多变的市场环境。

5. 有助于提升下属的才干，促进员工与企业的一体感

如果只是让下属一直做着早已得心应手的工作，而不让他们适当地尝试一些具备挑战性的工作，他们自然就没有充足的学习机会和时间，而且长此以往会养成惰性，原本做得很好的工作也会出现偷工减料的现象。所以，领导者要主动为下属创造进步的机会和空间，不能单单只是交给他们任务，同时还要授予他们相应的权力。有职无权或有责无权，都会限制下属主动承担责任的积极性，影响他们的工作效果。当下属通过接受授权而一步步成长起来时，他们会感受到领导者对自己的重视，看到在企业中的发展前途，从而会更加坚定地将自己作为企业的一分子。

授权不能仅仅作为领导者的一种领导方式和技巧，而是要融入到企业的文化氛围和核心价值观中，让各级领导者都能收放自如地授权，让所有有才干的员工都能获得相应的授权，而不是为了授权就刻意为之。

谷歌有一项创新管理方式，那就是著名的“20%的时间”。公司规定，所有工程师每天在完成本职工作的情况下，都可以将工作时间的20%自由支配，去做自己喜欢的项目以及技术工作等。

每一个工程师都必定有着自己的感兴趣的技术，都有着自己想去挑战和实现的项目，但很多时候由于工作的压力和限制，根本没有充足的时间与精力去实现自己的愿望。不过，在谷歌宣布了“20%的时间”这个制度之后，工程师们每天都有一定的时间，独自或者说服几个同事一同开发完成某些创意产品，并发布给公司内部的同事使用。如果这个创意产品很有新意，特别受欢迎，它就有可能成为谷歌下一个震撼全世界的产品或服务。人们耳熟能详的AdSense、Gmail、Google Transit、Google News、Google Talk等谷歌知名产品，都是通过这种方式孕育而生的。

谷歌的创始人拉里·佩奇和谢尔盖·布林在2004年公开的“致潜在投资者”的信函中，就突出强调了这种管理方式的重要性，他们认为，这是谷歌能够不断创新的源泉之一。

谷歌的授权就是赋予了员工自由支配一定工作时间的权利，而且将之化作了一种潜移默化的习惯和明确的制度。工程师们不必等待上司的授权，或者向上司提出申请，只要他们满足了“完成本职工作”这个条件，就自动地获得了来自公司层面的授权。除了谷歌之外，苹果、Linkedin（领英）、3M等知名公司，均在内部采用了类似的管理方式。而这些公司，也都成为了各个领域内的创新公司。

领导者授权易出现的3大误区

领导者在对待授权时，总是易于产生一些思想和行为上的误区，这些误区导致领导者无法开展授权或授权效果不佳，从而进一步地不信任授权，陷入一种恶性循环。其实，很多时候，并非授权效果不佳，而是领导者自身思考问题和处理问题的方式出现了谬误。

一般，领导者对待授权问题最容易出现以下3大误区。

1. 不愿授权

许多企业的领导者谈到授权就会显得很紧张，他们往往不愿意授权给自己的下属。而这种对授权无端的排斥，主要是由于他们陷入了3种截然不同的心理误区而造成的。

第一种心理误区：领导者认为自己的能力更强，业务更熟练，能够做得比下属更好。与其下属来做结果却给自己找了麻烦，还不如一开始就自己亲自去执行。他们还将自己不授权的原因完全归咎于下属能力不足，宣称目前还缺乏授权的条件与环境。

第二种心理误区：一些领导者心存权力主义思想，他们害怕授权会使自己失去权力，担心下属工作起来比自己做得更好，抢了自己的功劳和风头，甚至直接影响到自己的地位。

第三种心理误区：一些领导者担心授权会使下属脱离自己的控制，脱离自己的监管，权力欲膨胀，进而影响最终的工作效果。而一旦出现问题，就要自己来承担主要责任。

以上3种心理误区，就是许多领导者迟迟不愿施行授权管理的思想障碍和负担。实际上，能良好运用授权手段的优秀领导者，从未陷入过以上

3 种困境。

2. 不会授权

一些领导者往往不会授权，表现为授权时过于放任自流或者是过于谨慎，而没有一个明确的标准和坚实的手腕。领导者不去反省自身的问题，反而将所有的原因都归结于授权管理的效果不佳。

海边住着一位慈祥的老人，他每天傍晚到海边散步时，都会带上面包之类的食物，然后将这些食物分给海边的野雁。由于有老人施舍的食物，这些野雁在冬天即将来临时也没有迁徙。老人每天都如约而至，野雁们也就围着老人转，不愁吃不愁喝。结果等到第二年春暖花开时，这群野雁由于吃得太多又缺乏运动，已经肥得再也飞不远了。

有许多领导者就像故事中的老人一样，他们以一种过于慈悲的心去对待下属，总是过于积极地去帮助陷入困难的下属，下属们在工作中刚碰到一点挑战就被领导者迅速地解决了，丝毫没有自己思考、尝试的时间和空间，这样的“授权”对下属和领导者自身都没有丝毫的作用与意义。最终，下属们形成了一种惰性，本能地依赖领导者，失去了活力与创造力，能力也越来越差，变得再也“飞”不起来了。

3. 被“反授权”

领导者在授权中经常会出现被“反授权”的现象，那么，究竟什么是“反授权”呢？让我们看一下下面这段情景对话。

一位业务经理叫来自己手下的业务员小张，对他说：“小张，你最近工作很不错，学习得很快，我这边有一个客户，现在交给你全权负责。”

小张挺高兴地离开了，经理也认可自己的这个做法。

可到了第二天，小张急匆匆地找到经理，对他说："经理，昨天您给我的客户实在是太难缠了，他们提出了许多要求，我拿不定主意。要不，还是您亲自处理一下吧，我担心拖得太久，这笔业务会告吹。"

经理听到后，也不太好意思责怪小张，无奈为了公司的利益，只好又去亲自处理这笔业务。

上面这个事例就是一个标准的"反授权"，经理本来授权给小张，让他处理本该由自己去处理的业务，本想让小张能更快地进步。但小张出于各种原因，没能把业务办成，只得又"推回"给经理。经理考虑到照顾小张的情绪，又从大局出发，只得无奈地接受小张的"反授权"。

类似的现象在许多企业的领导层级上都会出现，领导者在授权时没有选择好正确的人选，没有给予下属适当的期望和压力，没有密切的监控和及时的支持。而被授权的下属没有充分的决心和信心，遇到困难就退缩或是一拖再拖，实在解决不了了就将所有的"烂摊子"都推回给领导者。这是许多领导者无奈接受"反授权"的基本状况。过多的"反授权"使得授权没有取得丝毫效果，反而起了反作用，进一步加大了领导者的工作负担，延误了任务的总体完成速度。

以上3大误区，是许多领导者迟迟不敢踏出授权的第一步，或是对授权浅尝辄止就宣告放弃的主要原因。其实，领导者只要冷静思考、客观分析，就会发现问题的主要原因是出在自身错误的思想和行动上，而非授权无效果、缺乏授权的条件与环境这些"冠冕堂皇"的借口。

授权的5大原则

领导者要做到敢于授权，但更要善于授权，不能为了减轻自己的负担就胡乱授权。毫无疑问，授权是存在一定风险的，如果授权管理运用不当，可能会使下属权力欲膨胀、失去控制，或者无法顺利完成相应的工作。其结果，轻则会破坏团队和谐与企业凝聚力，重则会使企业遭受利益上的重大损失，甚至陷入破产的边缘。

但如果能够按照一个正确的思路和方式授权，就能将授权带来的危害无效化或最小化，同时最大化授权带来的效能，使下属、领导者、企业都能够各得其所，互利共赢。

所以，领导者在授权时，一定要严守以下5大原则。

1. 责、权、利一致原则

领导者在授权之前，一定要明确受权人的职责、权力、利益，做到三者有机统一，保证被授权的下属能够在其位、行其权、尽其责、得其利、罚其过。责、权、利中任何一个要素的缺失，都会使被授权的员工在工作中出现问题。

有些领导者在授权给下属时，并没有明确界定下属应当承担的责任，而是准备将所有的问题都自己扛。这样的行为不叫授权，而是请求，只有给予下属一定的压力，他们才能够更加专注。有许多领导者将任务下发给下属，但是却没有给予其完成任务所需的权力，下属在工作中根本无人听命，也无法做出决断，只得事事请示领导；有时，下属辛辛苦苦地将领导者分配的任务做好，但是领导者却将所有的成果据为己有，把整件工作的完成都归结于自己的“劳苦功高”，员工得不到应有的奖励，以后又怎么

愿意尽心尽责呢？

2. 相互信赖原则

信任是授权的基础，缺乏信任的授权终归会以失败告终。许多领导者在授权后，心里总会有各种不安，担心下属工作不认真，担心他们事情做不好，所以就选择在一旁“手把手”地指导。且不说这样的授权没有丝毫意义和作用，下属也会觉得领导对自己不信任，产生反感和不自信的情绪。

所以，领导者在授权之后，一定要做到以下三点。

首先，不要过多地干预，除了必要的定期检查和约束外，让下属按照自己的思路去处理工作，鼓励创新，而不是将自己的想法和做法强加给下属。

其次，不要杞人忧天、疑心重重，或者是仅仅凭借几句“风言风语”就对下属的态度和工作效果产生怀疑，要有“用人不疑，疑人不用”的气魄。

最后，不要大惊小怪，要有强大的宽容心，允许下属犯一些不影响全局的小错误，而不是出现一丁点问题就草率地判断下属做不到、做不好。

当然，相互信赖不是听之任之，如果下属确实不能很好地处理工作，或者是由于突发状况使得任务复杂化，领导者也要能够及时地收回权力，进行新的安排。

3. 有效控权原则

授权和控权是矛盾的对立面，它们既相互联系又相互制约。授权不能离开控权单独存在，领导者在授权之后必须要有适当的控制和约束措施去制约下属，否则就是一种权力恣意放纵，有可能让下属本人和企业都付出巨大的代价。

领导者对于授权进行控制和监督，可以从四个方面着手：一是明确界定下属行使权力的范围；二是密切监督下属行使权力的方向；三是定期检查下属行使权力的成果；四是要始终保留收回相应权力的权力。

4. 授权不授责原则

授权不授责不是说当下属做错事情后或是没能完成分配的任务时不必承担责任，而是下属不承担所有的责任，只是承担领导者要求他做到的“有限”责任，而领导者需要承担授权工作的最终责任。

在给下属授权之时，领导者就要明确地规定下属的责任与义务，当然不能将所有的责任都推给下属，否则下属不敢接受任务，或者是在执行工作的过程中始终束手束脚。当下属在工作中出现问题，给公司和团队造成损失时，作为授权人的领导者要勇敢地站出来承担主要责任，而不能将失败全部归咎于下属。授权对于领导者来说意味着责任的加大，而非一种推卸责任的方式。

5. 权、人、事相当原则

授权需要适度，需要秉承权、人、事相当的原则。

首先，领导者授什么权，授多大的权必须要符合一定的限度，如果超过了限度，要么出现授权无效，要么无法达到授权的本来目的。

其次，领导者要真正授予下属相应的权力，必须满足下属完成相应工作的需求。比如，下属完成工作所需要的人力、财力、物力、技术、信息等资源，都要领导者提供相应的支持。如果所授权力小于下属的工作需求，下属就无法顺利完成工作；如果所授权力远大于下属的工作需求，就会导致下属滥用权力，造成负面影响。

最后，授权要结合具体的人和事去选择，根据具体工作对于人才能力的需求，选择有相应特长的下属，让他们能够充分发挥自身的才干与特长。这不仅是为了授权任务能够得以顺利完成，也能避免因与具体工作“水土不服”发生的错误从而对被授权下属造成的伤害。

不同级别领导者授权的范围不同

不同级别的领导者的工作内容、责任范畴、权力大小都有很大的区别，相应地，他们需要授权和可以授权的工作范围也不同。所以，各个层级的领导者必须要根据自身所处的位置，掌握自己的授权范围。实际授权工作比例如果远小于预定范围，说明授权不充分，没能最大化激发出团队能量；实际授权工作比例如果远超预定范围，说明授权过度，有推卸工作和责任的嫌疑，甚至会导致一些“越权”现象的发生。

领导者的授权范围一般分为三类。第一类是可授权范围，该范围内的工作可以放心大胆地授权给下属处理，领导者只要做好适当的监管和审查即可；第二类是不可授权范围，该范围的工作必须要牢牢把握在领导者手中，由领导者亲自处理，不然工作就会出乱子；第三类是弹性授权范围，该范围的工作没有确定的基准，领导者可以根据自身的工作进度和对下属的培养计划灵活地做出授权或不授权的选择。

一般来说，级别越高的领导者可授权范围越大，不可授权范围越小。一方面在于高层领导者的权力范围大，另一方面在于他们手下有着数量更多、能力更强的下属，能够更好地完成各类授权工作。而基层领导者，比如一个小团队的经理，生产线的组长、线长等，绝大多数事情还是需要他们亲力亲为，因为他们站在培养员工的第一线，下属需要更多时间的历练和成长。

据相关研究机构统计显示，各级领导者的平均授权范围如下。基层领导者的可授权范围为35%，不可授权范围为50%，弹性授权范围为15%；中层领导者的可授权范围为50%，不可授权范围和弹性授权范围均为25%；高层领导者的可授权范围为60%，不可授权范围为15%，弹性授权范围为 25% 。

当然，这个数字不是绝对的，不同的领域、不同的行业、不同的组织结构，都会使领导者的授权范围发生一些浮动。不过，这些数据对于领导者来说仍有着巨大的参考价值。

每一个级别的领导者都要对自己手中的工作和权力进行准确的分类，参考上述的统计数据，结合实际情况对自身的工作和权力做出划分，界定好可授权范围、不可授权范围和弹性授权范围。然后再对照自己在实际工作中的授权情况，看看是否与自己划分的授权范围相吻合。吻合程度越高，说明领导者的授权管理越精确、越有效。如果吻合程度不高，授权范围过大或过小，就要及时地做出调整，最好能够在问题发生之前，通过正确的授权范围将团队工作拉回正轨。

确定任务：明确可授权及不可授权事项

确定任务是领导者授权行动的第一步，也就是先为授权寻找目标，明确哪些是可以授权的事项，哪些是不可以授权的事项。并不是所有的工作都可以授权，否则就会出乱子，这也是领导者在授权时常犯的错误之一。

不同层级的领导者，可以授权的任务范围均有所不同。但无论授权范围是大是小，授权内容是多是少，可授权和不可授权的事项在性质上都是相同或相似的。

那么，对于领导者来说，哪些事情是应该授权，可以放心大胆地交由下属来处理的呢？通常来说，可以授权的事项包括：

1. 日常性工作和重复性劳动

企业中的工作，并非总是充满着变化与新意的，甚至绝大部分时间团队从事的都是一些相同或类似的工作，而这些工作，对于团队运作和企业运营来说又是至关重要、必不可少的。这些日常性工作和重复性劳动会占用领导者的大量时间，而其本身又没有丝毫难度和变数，因此可以授权下属代自己完成。

2. 专业性强的工作

有些领导者不愿或不敢放手的正是一些专业性的工作，他们认为自己对于专业工作更加精通，对下属的专业能力信心不足，因此对是否要授权心生犹豫。但是这些将专业性强的工作授权出去恰恰是领导者需要迈过的一道坎，下属接手这些专业性工作从短期来看，效率要比领导者亲自处理起来低，但是经过长期历练，他们也会越做越好，达到甚至超越领导者原有的水平。长此以往，团队中所有成员的专业能力都能得到很大的提升，领导者也能学习新的知识和技能，这对于团队和企业来说，不正是一种巨大的进步吗？

3. 职业爱好和特长

领导者要处理的工作内容很多，性质也有很大的不同。由于性格、能力、环境等诸多因素的影响，领导者对于特定的工作一定存在某种偏好，也许是出于爱好，也许是出于特长。这些职业爱好和特长也可以授权出去，领导者不能仅凭个人好恶就决定要专注于哪些工作，而是更冷静地做出选择。比如，某些领导者能说会道，特别喜欢和客户打交道，但是和客户沟通交流是一项很耗费时间的工作，领导者不必每天和所有客户都保持交流，可以授权给下属去接触客户，自己只要定期联络巩固感情即可。

4. 具备发展机会的工作

英明的领导者不会总想着自己要如何提高和晋升，而是会同样关注下属的个人发展。如果某项工作，下属在执行的过程中，能够学习许多新的知识，获得很大的成长，领导者就应该给予下属机会，而不是因为下属做哪件工作最为熟练就把他束缚在固定的岗位或工作上，这样下属很难获得发展。同样，领导者也不能过于“追名逐利”，把受关注、功劳大的工作留给自己，而只分配给下属一些不起眼、功劳小的工作，将所有的利益和名誉都揽在自己身上。这样自私自利的领导者，是很难受到下属拥护的。

当然，企业和团队中还存在着一些关键性的事项，必须由领导者亲自处理，这些不可授权的事项包括：

1. 人事任免事项

领导者最重要的工作之一就是带领团队，即管理人才，所以，作为关

键的人事任免权，领导者必须牢牢掌握在手中。将团队成员的去留问题交给下属去判断、处理，显然是不合适的。管人不像做事，做错了还可以重来，人才一旦流失，可能就再也没有回头的机会了。

2. 机密事项

企业中不可或缺地会存在许多机密事项，领导者的职位越高，掌握的机密事项也就越多，同时也越重要。这些机密事项甚至关乎到企业的存亡，如果随意地交给下属处理，万一发生机密外泄现象，对于企业的打击是致命的。比如，可口可乐的制作配方，一直以来仅有极少数最高领导者知道，其他任何人都无权了解，这些领导者也不会将任何与配方相关的工作交由他人处理。

3. 重大决策类事项

对于一些细微的工作，其具体的决策权可以完全下放给下属，但是一些重大决策，其影响范围广，影响程度深，领导者最好要亲自关注，亲自做出决策。比如，一些规章制度的出台，管理细则的变更，企业战略的调整等，如果领导者将这些重大事项都授权给下属处理，不仅存在巨大的风险，领导者本人也有逃避责任的嫌疑。

4. 其他事项

此外，还有一些事项需要领导者亲自处理。比如，突发的危机事件，需要由见多识广、能力更强的领导者去处理才能更好地渡过危机；对于直属下属的培养工作也需要领导者亲自执行，显然不能交由下属去执行同一级同事的培养工作；对于上级领导者明确要求需要亲自处理的事项也不要交给下属，上级领导者提出这种要求，必定有他的特殊的考量，领导者不能推脱责任。

三星创始人李秉哲曾这样对下属说道："把大事交给我来办，常识性的不要报告，干得好的只要报告10%就够了，有困难干不了的工作报告给我。该由我干的工作我来干，确实难而费力的工作由我去解决。"李秉哲的这段话清楚地反映了他对待可授权和不可授权的事项时的明确态度，正是这种领导思想，才使他成功建设了一个巨型企业的根基。

领导者在授权之前，一定要对所有的工作进行准确的分类，然后根据上述的授权基准，明确哪些工作是属于可授权范围的，哪些工作是属于不可授权范围的。准确授权，才能保证不出纰漏。

选择授权人：量其能，授其权

选择授权人，是领导者授权的核心内容，也是检验领导者识人、用人水平的最佳标尺。授权，不是凭借领导者对下属的主观印象，或是凭借领导者与下属的私人关系去实行，而是要寻找有具体工作能力的，同时有极强责任心的下属作为授权人。“量其能，授其权”是领导者选择授权人的原则，下属具备哪些潜质就给他安排哪类工作，下属具备多大能力就赋予他多大的权力。

每个员工都有自己擅长的领域，都有自己独特的思维方式，同样也有不擅长的事情，这和能力、资历、职务都没有绝对的关系，而是普遍存在的现象。所以，领导者在授权时，就要根据任务的需求和员工的能力特点选择最恰当的人选，而不是以资历或以往的成绩来选择授权人。

本田公司的第三任社长久米在开发新车“城市”的过程中就做到了正确选择授权人，因而取得了成功。

“城市”车是当时本田公司非常重视的一个项目，但是久米却将这个项目交给了一支全部由20多岁的年轻人组成的开发团队全权负责。许多董事都不无担心地问：“把任务交给这帮年轻人，没问题吗？会不会搞出什么稀奇古怪的车来？”

但是久米却没有丝毫担忧，他平静地对董事说：“这款车的目标客户群就是他们这一代人，而不是我们这一代人，所以他们最清楚什么样的车是客户喜欢的。如果这些年轻人说可以那么做，那么就让他们放手去做好了。”

就这样，最终这帮年轻的技术人员开发出的新车“城市”，车型高挑，造型新奇，打破了汽车必须呈流线形的传统观念。董事们看过后又说：

“这车型实在是太丑了，这种车真的能卖出去吗?”

不过久米对这帮年轻人信心满满，于是毫不犹豫地开始公布和大规模生产。果然，“城市”车一经上市，很快就在年轻人中风靡一时。

久米社长正是根据每个人的长处授权，不以资历识人，大胆地任用年轻人。他顶住董事会的质疑和压力，完全授权一支年轻的团队去全权开发为年轻人设计的车，最终设计出来的产品与消费者审美和需求一拍即合，成为了一款热销的创新车型。

选择授权人虽然极其重要，可并非极度困难。领导者只需要做好两点即可，一是正确地把握工作，二是准确地了解个人。

首先，正确地剖析工作内容，明确工作所需的能力、性格等重要影响因素。由于领导者对于自身的工作早已烂熟于心，因此反而会陷入“不识庐山真面目”的困境，所以领导者在分析工作时不能按照自己的标准，而是要“跳出”工作之外，以一个“外行”的标准去将工作分解，确定工作要求。

其次，要了解每一位下属的详细信息，比如他们的职业目标、个人兴趣、个人的优势和缺陷等。下属的优点和缺点都是很重要的，不是说不能选择有缺点的下属，而是要去选择缺点不会对工作执行产生障碍和影响的下属。领导者想要了解这些信息，可以查阅员工个人的档案和简历，或者向他们之前的上司询问，也可以直接和下属本人面谈沟通，开展一些能力测试等。

最后，要考虑下属之前的工作量和成绩，以往的工作是否能保质保量地完成。一方面这是根据员工过往的工作量来决定要授权的工作总量，保证他们有足够的能力和时间去完成；另一方面也是通过过往的工作状况判断员工是否足够勤奋、是否有强大的责任心。

只要领导者能够根据上述要求与原则正确地将授权工作与下属搭配起来，就能万无一失地完成这个最重要的授权环节。

宣布授权：明确信任与责任

宣布授权并非只是一种权力让渡和工作下发的仪式，同时也是以一种正式的方式去明确领导者的信任和下属的责任，让下属更加专注和投入。所以，宣布授权最好能在公开场合进行，而不要私下进行。要让被授权的下属感受到责任和压力，而不是将授权看作是一种请求或奖赏。另外，公开授权可以以一种更权威的方式将被授权的下属所肩负的新权力告知整个团队，让团队成员能够服从或配合他的工作，免去工作初期沟通上的不力。

宣布授权需要领导者具备优秀的沟通技巧，这样才能将授权内容准确无误地传递给下属，同时使下属以一种最佳的精神状态投入工作。

领导者在与下属沟通授权工作时，要围绕“3W1H”展开对话内容，即明确地告诉下属要做什么（What）、为什么（Why）、工作对象（Who）以及成本（How Much）。这样就不会使重要内容被遗漏，也能使下属清晰有条理地理解和记忆工作内容和要求。

领导者与下属沟通授权工作时，还要考虑到员工的具体能力和见识。如果员工具备很强的能力，而且之前做过相同或类似的工作，领导者就可以少沟通一些，传达基本信息后就交由下属自由发挥。而如果员工能力不强，或者是初次接触这类工作，领导者就要沟通得详细一些，向他们传授必要的知识和技巧，明确注意事项，如有必要还可以展开简单的培训。同时，领导者还可以向下属传授一些经验，帮助他们更好地把握工作内容，进入工作状态。比如，这项工作过去的执行状况、这项工作的深层次目标、常用的一些工作流程、一些细节处的注意事项等。

领导者在授权时要组织好自己的语言，让被授权的员工产生如下的感受：

（1）领导者重视这项工作，这项工作对企业意义重大。

（2）领导者信任他们，认为他们有能力把这项工作出色地完成。

（3）这项工作不是随随便便就能做好的，需要具备足够的智慧，付出相当的努力。

（4）这项工作不是人人都能做好的，他们是最适合的人选，领导者经过反复思考选择了他们作为执行者。

（5）领导者始终是他们最坚实的后盾，遇到障碍会协助他们清扫，因此不要有心理负担，大胆地去执行。

如果领导者在宣布授权时能让下属产生上述的感想，那么就是一次成功的授权沟通，可以使下属满怀自信与责任感，以最轻松的思想状态和最饱满的精神状态，全身心地投入到领导者授权他们完成的工作中去。

建立“约定”：平等和原则

授权并非领导者对下属下达的命令，也不是领导者对于下属的一种请求，而是双方的一种约定。领导者暂时性地让渡出某种权力，下属暂时性地取得该权力并承担把相应工作完成的责任与义务。这种约定是建立在一定原则下的平等要约，对领导者和下属双方都有约束力。领导者做出了相应的约定就要严格遵守，不能只为自己的方便就随意“毁约”，否则，下属只会将约定视作儿戏，不会去认真地实现。

约定的最重要特征就是平等对话，领导者和下属在此刻不是以上下级的关系在沟通，而是像在谈一份“合约”一样。双方要对授权的目的、程度、内容、资源、可能出现的问题及其应对方法等，逐条确认要点，使双方在面对突发事件和分歧时都能有据可循。

从1982到1985年，IBM在小华特森的带领下，连续四年被美国《财星》杂志推荐为表现最优异的公司。而这一切都源于IBM的三大基本信念——充分尊重个人、顾客服务至上、追求卓越的绩效。

有一次，小华特森亲自通知主要的部属下午两点准时开会。但他的一位下属罗杰斯却早已与客户约好下午会面，这位客户对公司来说很重要，小华特森早已交给他全权负责，而且作为最优先的事项。所以，罗杰斯将客户要求的所有事情办好之后，才赶回总公司，等他到达后已是下午六点半了。

小华特森对于罗杰斯的迟到十分不满，一直没有开会，全体人员都在等待罗杰斯的到来。当罗杰斯走进会议室后，小华特森面无表情地说：“你连这么重要的会议都迟到，又怎么能做好其他工作呢？”

罗杰森并未惊慌失措，淡定地说：“我与客户有约在先，我们公司的理念之一就是客户高于一切。而且您也授权于我让我优先解决这位客户的问题，难道我做错了吗?”

小华特森听后，想到了自己对罗杰森授权的事情，于是脸色迅速缓和下来，微笑着说：“你对任务的轻重缓急掌握得非常好，现在让我们来开会吧。”

领导者授权的工作，难免会与其他一些重要事项发生冲突，当发生冲突时，下属应该做何选择，完全取决于领导者在授权时与下属约定的具体细则。就像小华特森，明确授予给了罗杰森优先解决客户问题的权力，于是罗杰森在接到重要的会议通知时仍旧选择了坚守正在进行的工作。虽然小华特森一时气愤，但是在听完罗杰森的解释后还是选择了一种妥当的应对方式，坚持了授权的平等和原则。

身为领导者，能否像小华特森一样坚守约定，时刻反省自己的言语和行为，直接决定着下属对自身的信任。如果小华特森无视约定，仍旧当众将罗杰森大骂一番，且不说罗杰森内心“不痛快”，以后他在授权时下属也会在心里犯嘀咕：“领导者现在授予我的权力是否真能兑现?”接下来在工作中就会束手束脚，遇到重大冲突时也无法快速地做出正确抉择。

领导者要想让下属严守约定，就应该以身作则，自己先严守约定。如果不能严守在授权时约定的原则，不能保证授权与被授权双方处在一个公开公正的地位上，实质上就是领导者陷入了一种误区，将授权与命令相混淆，这样自然就无法完全发挥出授权的积极作用。

监督控制：重视反馈与调查

被授权人可以在权力和职责范围内自主行动、自主决定，但是领导者同时还具备监督任务进度、要求被授权人随时报告工作内容、控制被授权人行为的权力。授权是让下属放手工作，但不意味着领导者就要放弃监督和控制，否则可能会导致严重的后果。

对于下属的监督和控制，要把握好一个“度”。如果监督的频率过大、控制得太紧，会让下属感觉领导者对他们不信任，心生反感和对抗感。而如果监督的频率过小、控制得太松，可能就无法及时地发现问题，使下属在错误的道路上多前行一段时间。

1997年，摩托罗拉创始人的孙子高尔文在接任公司的CEO后，就采用了一种充分授权的管理方式，他认为领导者应该完全放手，让各个高管充分发挥自己的创造力，这能给予企业强大的创新动力。

然而从2000年之后，摩托罗拉的市场占有率、股票市值、获利能力就开始连连下挫。在2001年第一季度，摩托罗拉更是创下了15年以来的第一次亏损纪录。而这些问题产生的根源，就是高尔文过于放权，不能及时纠正下属出现的问题和过失。

摩托罗拉曾推出一款名为“鲨鱼”的手机，计划在欧洲市场推广。高尔文知道欧洲人喜欢简单、轻巧的机型设计，而“鲨鱼”的机型厚重且价格昂贵。可高尔文只是问了行销主管一句“市场调研结果真的表明这个项目可行吗?”在听到行销主管回答“是”后就没有进一步讨论，直接决定让下属推出这款手机，结果“鲨鱼”手机在欧洲市场上惨败。

除此之外，由于高尔文放权过度，没能准确掌握公司的经营状况。他每个月只会和各部门高管开一次集体会议，而且对于工作谈论得也不多。有时就算高尔文知道情况不太好，也不愿涉事太深，怕下属难堪，这些都是他在授权策略上的失误。

高尔文的过度放权，直接导致摩托罗拉没能在下坡路上及时地调转方向，而是以越来越快的速度滑落。后来，高尔文如梦初醒，发现了自己的过失，但早已为时晚矣，下属在过度的权力放纵中已经迷失了自我，再也无法集中全部的力量，摩托罗拉最终还是没能够起死回生。

从表面上看，授权似乎就是领导者放弃一部分的控制权，而实际上并不是这样。一位管理学家说过："控制是授权管理的'维生素'，授权的本质就是控制。"授权并非彻底撒手不管，而是要时刻关注真实的实行过程。想要成为一名优秀的领导者，就必须掌握"一手软，一手硬；一手授权，一手控制"的授权之道，使授权管理走上合理、有效、正面的运行轨道。

英明的领导者，总能对授权的任务进行适当的监管，通过调查和反馈使自己随时了解掌握任务的进程以及是否出现了问题和过失。因此，领导者才能在最恰当的时间，用最恰当的方式做到"悬崖勒马"，将"跑偏"的下属拉回到正确的方向上。但时常有一些领导者忽略了这一点，等到下属"冲下悬崖"才"后知后觉"，可此时下属与企业都已经受到了严重的伤害。

进行监督控制的根本目的，不是为了发现下属的错误就严厉地斥责、惩罚他们，而是为了能及时地为下属提供帮助和支持，使他们跨越障碍、重回正轨。这是领导者在实行监督控制权时必须明确的思想和原则。

授权和控制，是相辅相成、相得益彰的。没有授权，无法发挥出下属的主动性；没有控制，就无法保证下属的主动性能始终朝着对总体有利的方向发生作用。所以，无论是领导者还是下属，都不能把监督控制看作是一种消极行为，而是要明白这是为实现整体目标的一种保障方式。

第七章

法则 6： 激励 > 惩罚

不只要激励成功，而且要激励失败。

——杰克·韦尔奇

“一手大棒，一手胡萝卜”是每一个领导者都握在手中的两个武器，但是不同的领导者在使用方式上却大有不同。有些领导者迷信“大棒”，太过吝惜自己手中的“胡萝卜”，总是挥舞着手中的“大棒”去威吓、惩罚下属，递出“胡萝卜”的次数却少之又少。这并非一个英明的领导者督促下属的好方法。

每位员工都有着自己独特的想法，都有着自己的特殊追求，他们渴望得到期望和鼓励，而不是无情的压制。很多时候，员工的行为都无法用简单的对错去评判，他们做的一件事中，可能会有对企业有利的地方，也可能会有对企业不利的地方。这时就需要领导者多一些激励，少一些惩罚，保持员工的势头和冲劲。

激励与惩罚

激励和惩罚，是企业绩效考核的重要组成部分，是反馈员工具体工作结果的重要方式。有功就要赏，有过就要罚，这是许多组织中一贯例行的处理方式。

激励和惩罚，在过去曾被认为是同等重要的两种“武器”。也有许多领导者认为，惩罚更重要也更有效，更能体现出自己的权威。但现代管理学家却普遍认为，激励的作用要优于惩罚，这是经由众多理论和实践验证的真理。

在工业时代，工人消极怠工是一个让工厂主非常头疼的问题。许多工厂主想出了许多非常严厉的惩罚措施，比如雇用工头全程监督工人，一旦发现工人怠工即刻开除。但是最终的效果依然不够好，因为工人太多，工头也不可能始终监督所有人。

后来，福特公司创造性地采用了效率工资，工人做的工作成果越多，工资就越高。此举一出，工人怠工现象迅速消失了，每个人都想尽办法提高自己的工作效率。

“哪里有压迫，哪里就有反抗”，尽管工厂主和工人是一种契约关系，但两者的地位和立场却差距甚大，所以当工厂主用惩罚去压制工人时，工人会把这视为一种压迫，从而漠视或与之对抗。

而到了21世纪，随着员工素质修养的提高和自我意识的觉醒，使得员工会主动反省和改正自身的错误，如果这时领导者仍不顾一切地严惩员工，只是在员工伤口上撒盐，只会让员工更受伤甚至一蹶不振。

激励和惩罚，其实最终的目的是一样的，都是使员工更加投入地工作，提高企业整体的效率。不过两者的作用方式却截然相反，激励是用积极的方式对员工加以引导，让他们朝着企业希望的方向奋斗；而惩罚则是用强制的手段对员工进行规范，让他们不会朝着企业不希望的方向上滑落。

虽然惩罚更具权威性和强制性，但它能起到的最高效果往往只是使员工达到一个合格的标准，很难进一步提升，而激励则是将员工推向一个更高的平台之上。

IBM 中的一位高级负责人，由于在创新工作中出现了严重失误，给公司造成了至少 1000 万美元的损失。面对如此重大的过失，这位负责人感到很绝望，计划着要引咎辞职，许多人也向董事长进言提出应该把他革职处分。

不过，董事长却认为，这位负责人本意是好的，他的失败是追求创新的过程中的“副产品”，是创新道路上难以避免的“阵痛”，如果能让他继续下去，他能够比其他人更快地取得成功。

于是，董事长将这位负责人叫到自己的办公室，通知他即将调任到另一个同等重要的新职位上。这位负责人本来已经做好被开除的准备了，所以对此非常惊讶：“我给公司造成了那么大的损失，为何不把我开除?”

董事长只是平静地说：“如果那么做了，那么公司在你身上花的 1000 万美元学费岂不是全部泡汤了?”

这位负责人很受鼓舞，后来以惊人的毅力和智慧为公司创新做出了很多贡献。

许多领导者都无法做到像 IBM 的董事长这样“大度”，当他们看到因为下属的一己之过导致的重大损失后，往往会被愤怒冲昏头脑，不问青红

皂白，一顿痛骂后就将下属降职或革职，丝毫没有考虑到这样做不仅无法弥补损失，反而让企业失去了一位人才，失去了一次成功的机会。

我们常说，“失败是成功之母”。可这句话一旦到了企业里，一旦涉及了具体的经济利益损失，很多领导者就会“慌了神”，彻底忘了这句古老的教诲。并不是说领导者就要包容一切失败，而是说在面对下属的失败时要冷静客观地去分析，而不是不管三七二十一地各种惩罚“一哄而上”。

在微软，不仅失败的项目要集体寻找失败的原因，成功的项目也不例外，也要彻底弄明白为什么取得了成功。而且，公司向全体员工都灌输了一种正确对待失败、尊重失败的思想，甚至提出“没有失败说明工作不够努力”。微软经常会聘用在其他公司有过失败经历因而离职的人作为助手，借用他们的失败经验避免自己重蹈覆辙。

中国的一些企业领导者却恰恰相反，推崇的是“无过就是功”，这是一种急需扭转的错误观点，需要树立“无功就是过”的理念，鼓励下属大胆行动，不要因为畏惧失败就止步不前。

当然，激励失败并不意味着无度地纵容，领导者必须要亲自去调查分析，判断这次失败是否是可容忍的，是否能给当事者带来足够的教训或启发，是否能为企业的未来带来利益。如果答案是“可以”，那么领导者就可以考虑宽大处理并给予当事人激励；如果答案是“不可以”，领导者就应该按照相关制度严格执行。

后藤清一郎原本是三洋公司的副董事长，因为太过仰慕松下幸之助，就辞去了原来的工作，来到松下电器担任厂长。不料，由于他的一次工作失误，引发了一场大火，整个工厂都烧成了一片废墟。

后藤清一郎十分恐慌，因为他知道松下幸之助向来作风严厉，员工的一点小错误都会招来他的严厉斥责。而现在自己给公司造成了如此重大的损失，松下是绝对不会姑息的。但是出乎意料的是，松下对此事没有过问太多，只是在接到他的报告后说了四个字："好好干吧!"

松下这句简单的鼓励彻底感动了后藤，他暗暗发誓要永远为松下忠心效命，奉献自己全部的力量。

松下幸之助的做法看似不合情理，实际上却是冷静客观的应对方式。因为员工在犯一些小错误时，往往自己不会在意，容易养成一种坏习惯，因此才会通过严厉斥责去纠正下属。而在犯下大错误时，只要长一点心的人都会知道自己反省，如果再去严厉斥责只会让下属无法再次振作起来。松下对后藤的宽大处理，并不是一种毫无考虑的包庇。因为松下了解后藤，知道他是一位有才有心之人，这次的事故并不存在主观上的过错。所以，松下才用这种默默激励的方式帮助后藤度过了这次心理障碍，激励其更好地为公司服务。

领导者在对待下属时，应当多一些激励，少一些惩罚。不是看到企业获益了就激励员工，也不是看到企业受损失了就惩罚员工，而是要思考得更加深入一些。员工因为自身责任心的缺失、行为的懒惰，损害了团队利益，或者是违背了企业的根本价值观，自然需要严肃处理。而员工因为失态的巧合、不经意的失误、为企业的利益追求改革和创新，结果使得企业受到了损失，就不应该不留情面地严惩，而是要从多方面进行激励。

支持型领导与指挥型领导

许多领导者总是固执于自己的立场，只用自己的观点和角度看问题，不能做到换位思考，了解下属的所思所想。结果就造成了领导者和下属之间的对立与内耗，使得双方同心不同力。本来双方都是以集体利益为导向去寻求方法和策略的，但却由于领导者领导方式的问题导致双方背道而驰。

支持型领导就是以下属为中心，多从下属的角度观察问题、思考问题，了解下属采取相应行动的原因，在正确和有利的前提下予以鼓励，并给予人力和物力上的支持，促使下属多思考、多尝试。而指挥型领导就是以自我为中心，以一种固定的模式去制约下属，所有团队成员都必须跟随着他的指挥棒前进，不能有丝毫逾越的行为产生，否则就进行批评和惩罚。

实质上，支持型领导是以激励为主、惩罚为辅的领导方式，指挥型领导是以惩罚为主、激励为辅的领导方式。所以，在支持型领导者的带领下，员工往往能发挥出更大的主动性和创造力，以各种意想不到的创新方式帮助团队更快更好地达成目标。而在指挥型领导者的带领下，员工往往会循规蹈矩、死气沉沉，不愿去创新也不敢去创新。

西南航空是美国一家年轻的航空公司，但早已迅速成长为了世界闻名的企业。西南航空公司从一个小规模起家，并在竞争激烈的客运航空领域中占据了一席之地，主要就是因为其强调幽默有趣的企业文化，力图给乘客们带来一次轻松温暖的空中旅程。

在这种企业经营理念的指导下，西南航空公司的经理们经常会鼓励下属想出一些奇特的做法去完成传统的工作。比如，当你坐在飞机上，可能会听到这样的广播和通知：

当音乐响起时，你可以有50个理由离开你的爱人，但你只有6个门离开我们的飞机；

当抽水马桶有问题时，你的下面——也就是座椅下，可看作充当该作用的飞行设备；

那些想抽烟的朋友将会被请到我们的机翼上去，在那儿我们将为你演一场电影——《随风而逝》……

在传统观念中，飞机广播应该是充满严肃感的，服务人员这种调侃性的语句让人难以置信。可这，正是西南航空公司的特色。

领导层们全力支持自己的员工去将空中旅途变为一场有趣的“游戏”，换来的结果就是数以千计的忠实乘客发来的支持信件，而且，客户们对西南航空的广播通知内容更加印象深刻，也更加重视。

西南航空公司总是反其道而行，别的航空公司都在追求正规和严肃，他们就追求轻松和愉快。别的航空公司用严格的语气去警告乘客，他们就用开玩笑的方式去提醒乘客。在西南航空公司，没有领导者会给员工规定具体的做法，而是支持员工自由发挥想象力，最终诞生了一系列“奇葩”而又让人忍俊不禁的服务。

达成企业目标的方法有很多，永远都没有最好的方法，只有更好的方法。所以，传统的做法和方式未必就是最有效的。如果只是抱着“不出差错就好”的思想去采取最保险的行动方针，就很难取得真正的成功。

如果你现在还是一位典型的指挥型领导者，还是对下属“不依不饶”地下达着各种具体的指示，那么现在不妨转变一下思路，试着将自己打造为一位支持型领导者，为下属提供更大的发挥空间，同时减轻自己身上的压力和重担。

激励的能量

在激烈的市场竞争中，在巨大的人才流动中，如何才能使企业不断保持稳定和进步，立于不败之地？许多领导者会回答，要靠科学有效的人力资源管理。没错，而激励正是人力资源管理的重要组成部分。科学有效的激励，能使人力资源运用取得具体的成果，使企业避免大量的人才外流，使人才在企业中贡献自己的才智。

人是企业生存发展中最重要的因素，同时也是变动性最大的因素。领导者可以通过一个简单的按钮就使企业中的各项设备全速运转，但无法用这么简单的方式使得员工全力工作。想要让员工抛去不满、牢骚这些负面的思想，专注于工作中，就要运用激励，让员工的“马达”快速地转起来。

激励对于员工有着重要的影响，而这些正面的影响又会进一步作用到企业中的各种要素中，对企业的运营和发展产生良性的推动作用。

1. 激励是实现企业目标的必要工具

一个成功的企业需要一个士气高涨的团队，企业的目标是要靠员工的行动来实现的，而员工行动的积极性是由激励来保障和促进的。一个企业目标的实现，有着众多的影响因素，但员工始终扮演着最重要的角色。如果企业内部缺乏必要的激励，全体员工都在敷衍了事，则企业的目标没有丝毫实现的可能性。

2. 激励是使企业中各种生产要素和资源效用最大化的保证

企业的生产经营活动离不开资金、物料、设备的支持，但归根结底还是要由人有意识、有目的地去运用才能发挥出其应有的作用。如果员工不活跃、不进取，即便企业的资金多么雄厚、物料多么充沛、设备多么先进，也无法发挥出全部的效用，或者投入与回报不成正比，这对于企业来说都是一种巨大的损失和浪费。

3. 激励可以激发员工积极性，提高效率和成绩

对下属进行激励，这是古今中外的政治家、思想家、军事家、管理者都在潜心研究的问题。对于企业领导者来说，通过运用各种激励手段，能够有效地激发出员工的创造性和革新精神，提高员工的努力程度，帮助他们取得更好的成绩，并引导这种能量向着有益于企业发展的方向产生作用。

4. 激励有利于员工综合素质的提高

提高员工的综合素质，不仅可以通过培训的方法去实现，合理运用激励手段同样能够取得相辅相成、事半功倍的效果。领导者可以采取措施，对主动寻求进步的员工加以表扬和奖励，对不思进取、自甘堕落的员工予以批评和惩罚，促成整个企业内部学习氛围的形成。受到激励的员工，为了能取得更好的绩效和发展，会更加主动地学习、提高，不断地完善自己。

一个成功的领导者，必定是一位懂得激励、擅长激励的领导者，而不是成天扯着嗓子怒吼，对下属满腹牢骚的领导者。善用激励的能量，能让领导者用更友善的态度和更高的效率达成更好的领导效果。

有效激励的5个原则

激励，是一种调动企业员工的工作积极性，激发其主动性和创造性的“兴奋剂”。一个激励极其欠缺的企业中，员工必定是无精打采、死气沉沉的，而企业也会因此停滞不前。

企业中的激励由5大要素组成。

（1）激励主体：施加激励的组织或个人，一般为企业或团队的领导者。

（2）激励客体：被激励的对象，一般为员工或团队整体。

（3）激励目标：激励主体希望通过这次激励行为达成的具体效果。

（4）激励因素：激励的具体手段和方式，使激励客体朝着期望的结果前进。

（5）激励环境：企业整体的环境因素和文化氛围，在一定程度上影响着激励的效果。

在传统的企业人力资源管理中，虽然激励是绩效考核中始终存在的一大组成部分，但却没有受到过系统性的重视和运用。许多领导者只是不自觉地随意运用激励，而没有形成一个整体性的标准和体系。最终激励只是如“星星之火”般短时间内取得了效果，却难以成为“燎原烈火”。

激励不是随意而为、随性而至的，也不是模仿他人、生搬硬套的，而是要根据企业的规模和条件、员工的层次和需求来确定并适时加以调整和变动的。

锚牌啤酒的弗里茨·梅塔格在早年管理员工时，都是直接发放奖金作为激励手段，可是后来，他发现奖金的价值和作用越来越小，几乎丧失了。员工们一旦拿到奖金很快就会花掉，丝毫没有意识到这是一种激励，奖金已经被其视作一种普通的薪水，完全没有向员工传达到梅塔格的激励意图。

于是，梅塔格叫停了发放奖金的政策，并开了一次会议解释他这么做的原因。梅塔格希望用周末出游、培训课程、集体晚宴、球赛门票等更加多样化的激励措施来取代纯奖金激励，并将发放奖金的周期大幅度拉长，以此保证奖金具备足够的刺激效果。

许多领导者在进行激励时都容易陷入梅塔格刚开始一样的误区，除了奖金还是奖金，丝毫没有考虑是否取得了想要达成的效果。不少领导者总是认为钱最实际，钱是万能的激励工具，但目前来看，奖金的作用在不断减小，员工对于福利待遇、发展机遇等激励因素更加看重。

领导者要进行有效的激励，必须牢牢掌握以下 5 个原则。

1. 充分考虑个体差异

企业员工在年龄、性别、成长经历、教育水平等方面的差异，会导致他们在思维方式、价值观方面呈现出明显的个性。所以，即便同一种激励措施落实到不同的员工身上，起到的具体效果也会天差地别。比如，对于一些高学历员工，他们一般更注重自我发展和自我实现，所以发放奖金的效果就比较一般，但是让他们去参加一些培训课程和专家课程，就会取得更好的效果。而对于一些学历较低的员工，可能更关注的是物质利益，希望能有更好的薪资待遇来提高自己的生活水平。

所以，为了使激励措施对每一位员工都能起到最大作用，领导者在制定激励机制时，一定要充分考虑企业的人员构成和实际情况，制定出多元化的激励策略。在实施时，充分考虑每一个员工的心理特点和思维特点，采用最能让他们满意的激励措施。

2. 体现公平与公正

激励制度一定要体现出公平、公正的原则，要做到对事不对人。员工做出了多大的贡献，就按照制度给予其多大程度的奖励，而不是职位高的人多拿，职位低的人少拿。

此外，还要考虑企业历史上相似或相同状况的具体奖励情况。当然，企业自身的规模和所处的环境都处在不断的变化中，奖励的具体价值也会发生变动，但这种变动必须是在一定的时间段内的有规律性的变动，而不能是杂乱无章的。比如，对于两个因同样功绩受到奖励的员工，之前的那位员工获得了300美元奖金，而一个月后的第二名员工却毫无缘由地获得了500美元奖金，这自然会引起第一位员工的不满和猜忌。

激励制度的制定和修改，最好能够征求广大员工的意见，而不是全凭领导者一人“闭门造车”。虽说不一定非要采纳所有员工的意见建议，但可以尽量体现绝大多数员工的愿望。

3. 物质激励与精神激励相结合

物质激励和精神激励属于两种完全不同的需求层面，二者并没有显著的优劣之分。身处不同层次和环境的员工对于两种激励会有不同的偏好，不过，偏好物质激励的员工也需要精神激励，偏好精神激励的员工也离不开物质激励。

原北大方正的总经理王选曾说过：“只对员工进行物质激励，忘掉了精神激励，这是害民政策；反过来只对员工进行精神激励，没有物质激励，就是愚民政策。所以，要做到不害民、不愚民，就要物质激励和精神激励两者相结合。”

所以，领导者不必纠结这两种激励方式哪一种更适合企业现状，哪一种能取得更好的效果了，这是两种相辅相成、相互促进的激励方式，搭配使用才能更好地调动员工的积极性。

4. 个体激励与群体激励相结合

无论在哪一个企业中，员工个人的脱颖而出都离不开上司、同事、团队的支持和促进，良好的群体环境是员工进步成长、取得成绩的最好催化剂。

所以，领导者在实施激励措施时，一定要正确认识个人和团队两者各自的作用，处理好两者之间的关系。如果领导者过于强调群体激励而冷落了员工个人，就可能会造成团队内部产生干好干坏一个样、干多干少一个样的平均主义思想。而如果领导者过于重视个体激励而忽略了团队的作用，就容易影响整个团队的积极性，使受奖者个人受到其他成员的排斥，不利于团队的安定团结。

领导者在激励手段的运用上，要正确考量个人和团队在具体贡献中产生的具体作用，准确评价和定义两者的积极意义，全面、客观地做出相应的激励。

5. 正面激励与负面激励相结合

正面激励指直接性的奖赏、表扬、鼓励等，负面激励是指一些督促、激将等。同激励和惩罚的运用一样，这两者在领导者的实际应用中也是提倡多用正面激励，少用负面激励。如果负面激励用得过多，就容易使员工产生抵触心理，认为领导者和自己过不去，故意找碴儿，导致两者关系越来越紧张，互相看不顺眼。

不过，负面激励也不是可以彻底忽略的，如果员工在工作中确实有一些隐患极大的坏习惯或是有一些疏漏，而领导者没有及时指出，引导员工改正，而是用完全的正面激励使得员工飘飘然，那么下一次他仍有可能犯同样的错误甚至引发更加严重的后果。

所以，领导者在对员工进行激励时，要全面分析员工的行为及其结果，正面激励与负面激励不能忽略任何一方，在肯定员工贡献和成果的同时，也要尖锐地指出员工尚存的问题。

有效的激励应该是一种多要素结合与均衡的合理化激励，这需要领导者从多方面出发，了解不同员工的不同需求，根据具体的事态灵活采用相应的激励方法，做到激励的手段、方法、目的相结合，达成最佳的激励效果。

激励的核心基础——关心

多元化激励如今已经成为一种趋势。在过去，谈到激励，许多领导者只会想到奖金和晋升，而实际上，领导者对下属的一个微笑、一句关怀的问候、一次真诚的赞许，同样能够取得巨大的激励作用，甚至比直接的物质激励更加持久和有效。

激励方式可以有千万种之多，但无论怎样都是万变不离其宗。激励，就是要表现出对下属的关心，就是要让他们感受到领导者和企业在不断地关注着自己、重视着自己，让他们感受到团队和企业是一个温暖的大家庭，而不是冷冰冰的利益往来和无情的竞争。

诺姆·布罗德斯基在经营他创立的城市档案托管公司的过程中，就设立了一项被称为"吓你一跳"的激励政策。每当遇到需要奖励员工的时候，他都不愿用过于平凡的奖励方式，而是希望能让员工大吃一惊。

有一次，布罗德斯基得知公司的信任主管助理帕蒂·莱特富还兼职着另外一份工作，她每天下班后都会负责处理办公室卫生，她希望通过这每周75美元的报酬能更快地帮助她实现重返学校的愿望。

布罗德斯基得知此事后，决定对帕蒂实行加薪。第二天，他将帕蒂叫到自己的办公室，对她说："我知道你在晚上下班后还有另一份工作。"

"是的，先生。"帕蒂心中有一丝不安。

"恐怕我没办法让你继续那份工作了，"他说，"我希望你能精神饱满地开始第二天的工作。"帕蒂听到后显得很失落，"不过我知道这份工作会让你每周多赚75美元，"布罗德斯基继续说道，"所以我会给你加同样的薪水，这样你挣的钱就不会少了。"

“太感谢您了！”帕蒂的表情又重新明朗起来。

“此外，我们公司还有一项政策，在公司工作满一年的员工都可以选择到学校去进修，只要能拿到B级以上的成绩，公司会全额支付学费。”

帕蒂离开办公室后洋溢着笑容，她十分清楚了公司对于自己的关注。

布罗德斯基的这次对下属的激励，表面上看只是一次再普通不过的加薪，可实质上却从三个方面表现了他对下属的关心。首先，他在让下属减轻工作内容和压力的同时在薪水上没有损失；其次，他希望下属每天都不要太过劳累，都能以最饱满的精神状态投入到工作中；最后，他得知了下属希望返校进修的愿望，向下属强调了公司在这方面为员工提供的优惠政策。所以，尽管这次激励行动看起来十分简单朴实，但却让被激励的帕蒂内心中充满了暖意。

由此可见，激励的形式并不是影响激励效果的关键因素。有些领导者过于追求形式，总是认为新奇的激励方式就是最好的，想方设法地制定一些复杂无比的激励政策，但却忽略了最本质的关心。许多激励制度都是徒有形式，表面看起来丰富多变，内里包裹的却都是利益的诱惑。这种激励只能在短期内对员工产生一定的影响，当员工在公司待的时间越久，需求层次越高，这种激励就会沦为“走过场”，无法让员工产生心灵上的感动。

对员工的激励，要走进员工的内心和生活，无论何种形式的激励都要体现出对员工生活的关心，而不是按照固定的规章流程去决定激励方式。比如，某员工最近家里遭遇了困境，生活上很拮据，领导者就可以用加薪或奖金作为激励手段，而不是仅局限于精神上的鼓励与表扬。

多一声问候，多一些关心，让员工知道他们受到激励的原因，让员工知道领导者和企业无时无刻不在关注着他们、重视着他们，让他们知道自己被视为企业的一分子，而不是仅仅被作为工作的机器，这才是对员工价值最直接的肯定，也才是对员工个人最好的激励。

目标激励：确定明确的标准

目标即方向，领导者进行激励的根本目的，就是使下属能够朝着目标前进并最终达成目标。而这个目标本身，也是一种激励的方式，二者相辅相成，激励为目标，目标促激励。

从激励效果角度来说，目标激励是一种最直观的激励方式，它刺激团队成员主动达成甚至超越既定目标，不断突破自我，完成飞越，使团队成员最大限度地付出努力而非去敷衍了事。同时，目标激励能够创造一种环境和氛围，始终给予被激励下属或团队一种无言的督促，使下属在一种不断进取的环境和氛围的影响下，不敢去放松自己，而是集中精力向目标前行。

目标激励在不同的员工和企业发展阶段中都能起到重大的作用。在员工刚刚进入企业中时，往往会陷入缺乏目标的迷茫，他们缺乏明确长远的职业生涯规划，只是“做一天和尚撞一天钟”。这时，就需要领导者引导他们找到目标，焕发活力、集中力量，目标的达成既能给团队和企业带来确实的益处，对员工也能产生更深层次的激励效果。当企业陷入发展困境，举步维艰时，全体员工也会陷入低潮，而这会进一步使企业在泥沼中越陷越深、无法自拔。这时，员工就需要一个足够明确和伟大的目标给他们指引方向，为具体的执行提供一个标准。

1954 年，战后的日本还处于经济萧条之中，在大环境的影响下，本田公司当时也面临着经营困境。公司全体员工都想尽一切办法节约成本，甚至当时每个月用于给员工装工资的纸袋都要上交后循环利用。过于艰苦的环境让公司全体员工都士气低落、死气沉沉。

为了打破现状，激发员工的斗志，社长本田宗一郎在一次全体大会上

宣布："我们公司要训练出世界一流的选手，骑上我们公司生产的摩托车，参加国际长途锦标赛。"

国际长途锦标赛是一项水准很高、非常知名的大赛，对参赛摩托车的质量和技术要求都很高，涉及热力学、流体力学、机械学和原子工艺学等。这个目标的提出让公司的员工为之一振，虽然有很多困难，但这对技术人员来说是一项极富魅力和挑战的任务。

于是，在本田宗一郎的带领下，许多员工牺牲了节假日，全神贯注地投入到新型摩托车的研发中去。最终，本田生产的摩托车在1960年的国际长途锦标赛中获得了团体冠军，本田也借此一举成名，打入了国际市场。

本田公司在陷入经营困顿之时，通过目标激励又重新使全体员工焕发出了活力。整个经济的萧条是无法改变和逃避的大环境，而任何企业在经营中都有可能陷入这种对企业极其不利但却又无可奈何的困境。这时不能感叹时运不济，坐等破灭时刻的到来，而是要想尽办法先从内部改变，延续企业的生命，增加企业的竞争力，熬过黑暗的时期，迎接光明的未来。本田公司"夺取国际长途锦标赛冠军"的目标，一方面给员工注入了信心；另一方面为员工提供了一个目标和标准去执行、去奋斗，摒弃那些自暴自弃的想法，最终这一目标激励带领企业走出了逆境，并进入了一个全新的发展环境。

目标激励在很多时候是具备一定强制力的，尤其在执行初期，员工可能会产生排斥感与对抗心理，认为目标难以实现，领导者这时就要同时运用精神鼓励和强制措施，先让员工放下心中的不自信努力去尝试。然后将目标进行分解，将阶段性的成果展示给员工进行二次目标激励，当看到目标有希望实现之后，员工会更加充满信心、充满动力地全情投入，使目标最终得以实现。

采用目标激励是一种让员工找到奋斗方向，劲儿朝一处使的有效方式。目标激励能够取得成效的关键，就是要求目标要有足够的魅力。有魅力的目标会充满一种独特的吸引力，自然会引发员工的兴趣，激发出他们完成目标的自主动力。

高期望产生高绩效

激励，是领导者对员工的一种期望，期望他们能更快地增长知识、提高能力，或者是达成更高的目标，做出更大的贡献。员工最终的绩效往往与领导者对他们的期望成正比，如果领导者对员工的期望值不高，给员工制定的仅仅是一个易于达成的目标，员工自然就不会拿出全部的能量或者是试图去突破自身的极限。

领导者的高期望，首先会赋予员工强大的自信心，他们会认为自己的能力受到了认可和重视，认为自己确实有能力和条件去回应领导者的期待，之后他们会全身心地投入，用尽各种方式去提高自己的效率，从而达成相应的高绩效。

许多领导者认为员工是难以“管教”的，他们总会想方设法地与自己作对，想方设法地去偷工减料，在这种消极心态的影响下，领导者是很难真正管好员工、带好团队的。事实上，很多时候，员工会如实地回应领导者的思想。如果领导者心里想着，“我不对他们报太大指望，能不给我惹事就不错了”，那么很遗憾，结果可能就是如此，下属回应给你的就是平庸的绩效。而如果领导者心里想着，“我认为他们有很大的进步空间，还能够做得更好”，那么恭喜你，下属会在你的期望和带领下越做越好，回应给你的也是超水平的绩效。

摩托罗拉的创始人高尔文就经常利用远高于现状的期望去督促员工，让他们完成一些看似不可能实现的任务。

20世纪40年代，当时的摩托罗拉的主要精力投入在电视机市场。有一次，高尔文听从了一位基层员工的建议，为电视机部门制定了一个极富挑战性的任务：在这一年度，以 179.95 美元的价格卖出 10 万台电视机，还必须保证能够赢利。

按照这个计划，摩托罗拉的电视机销量需要在业界排行前三甲，但当时他们最多只能排在第七位。而且，当时摩托罗拉的电视机生产成本高居不下，在 200 美元以上，所以，将售价定在 179.95 美元简直是天方夜谭。

电视机部门的经理和工程师对此都抱怨连连，他们认为这根本是不可能做到的事情。不过，高尔文却坚持己见，回答说："你们一定要按照这个价格标准卖出这个数量，在你们拿出赢利的报表给我看之前我不想看到其他任何报表，也不想听到其他任何理由。"

之后，高尔文制定了一套非常严格的奖惩制度，督促所有员工都朝着目标努力，积极创新、降低成本，销售部门加大宣传推广力度。结果，不到一年的时间，电视机部门就完成了高尔文给他们下达的任务。

高尔文制定的目标看似困难重重，需要部门内达成好几项突破，但是他明白，这并非不可能完成的任务，因为这些目标是环环相扣的。一旦企业能够通过技术革新将电视机的生产成本压下，以一个超低的价格开展销售，自然会更有利于迅速提高销量。

每个人都会有惰性，都会因为惰性而限制了自己的能力和潜能，使得自己不能始终保持 100% 的战斗力，不愿花时间和精力去追求突破与创新。

高期望的激励方式，不是盲目期望，领导者在确定标准之前，一定要进行多方调查与分析，确定员工通过努力是有可能实现自己期望的。如果领导者全凭自己的感觉和异想天开而给予员工过高的期望，员工拼命努力最终也没能实现，那么领导者接下来就很难处理。因为员工没能完成绩效而对他们进行处罚，他们会认为领导者只会制定一些完全不可能的绩效标准，还将过错都推到员工身上。而不对员工进行丝毫处罚，所谓的绩效也就成了儿戏，既然完成完不成没有区别，以后员工自然会更加倦怠。

领导者在给员工制定绩效目标时，一定要掌握好“度”，要让员工不能按照现有的方式轻轻松松达成，也不能绞尽脑汁都无法达成，这个被俗称为“跳起来能够得着”的目标。如果目标太低，员工坐着或站着就能轻松够到，员工就无法得到突破，企业获得的也只是一个很低的绩效。而如果目标太高，员工跳起来也无法够到，在尝试几次之后，员工自然会陷入自暴自弃的状态，整个团队都会受到消极心态的笼罩。

一位领导者无论在任何时候，都不能先对自己的下属和团队失去信心，将业绩的平庸完全归咎于团队成员的平庸，这是一种对责任的推卸。领导者首先需要突破平庸，用满腔的热情去激励下属，去提振下属的信心，让他们相信自己还有潜能，让他们愿意去发掘自己的潜能，这样整个团队才能向着高绩效迈进。

情感激励：关注所有人和事

真正长久有效且深入人心的激励方式，就是情感激励，正所谓“感人心者，莫过于情”。情感激励能够充分体现出领导者对下属的信任、关怀、期望之情，这种情感的交流能够最有效地打破领导者和下属关系上的“代沟”，让员工在企业中感觉更加放心和舒心。

最好的情感激励，不是只“投资”员工本人的感情，而是要关注员工的亲人和家属，关注发生在他们身边的事，这种行为更能强化他们对情感激励的感知，让他们感觉到领导者和企业是真正地关心他们的，而不是只做表面文章。

日本麦当劳有一项创意政策，那就是将所有员工的生日定为个人的公休日，让每位员工都能在自己的生日当天和家人一起共享天伦之乐。

不光员工本人的生日受到了关注，对于已成家的员工，员工太太们的生日同样受到了关注。每当太太们过生日时，董事长都会亲自提醒礼仪小姐从花店订购鲜花送给员工的太太们。虽然只是一份薄礼，但员工太太们却十分开心，因为有时连自己的先生都会忘记自己的生日，她们很惊讶董事长居然会惦记着这等“小事”。

日本麦当劳每5个月还会发一次奖金，这笔奖金被员工们称为“太太奖金”，因为这笔钱是直接打到员工太太的户头之上的。这在许多人看来都是一个“怪招”，不过董事长却认为，员工之所以能将全部精力和注意力投入到工作中，有很大一部分因素是太太顾家的功劳，因此，太太们有权获得这笔奖金。

除此之外，每年开年度大会时，日本麦当劳还会在大饭店举办一次联

欢会，而且公司明文规定，所有已婚的员工都必须带上自己的太太出席。

“生日送花”“太太奖金”“共聚晚宴”，这些都是日本麦当劳的情感激励手段，董事长坚信在情感上投资，能够换来员工的忠诚和创造力。日本麦当劳不仅仅是对员工本人进行情感投资，而且还对员工最亲密的伴侣进行情感投资。一个企业如果能关注到员工的家人，那么自然不会让员工感觉企业忽视自己、冷落自己。

情感激励的基础，就是对员工的尊重和关心。领导者要把员工真正看作企业的一分子，而不是呼来唤去的“打工仔”，把尊重员工落实到语言和行动中。要时刻关注员工的工作与生活，积极地为员工办实事、解难事，不能为了工作就完全牺牲员工的生活，要让员工的工作与生活协调起来，共同促进。

情感激励运用得当，能够打开员工的心扉，在上下级之间建立起融洽和谐的互通关系，在企业之中建立一种亲和力文化，从而让员工在一种健康、愉快、互助的氛围中，找到作为企业成员的归属感。

榜样激励：领导者以身作则

日本东芝的总裁土光敏夫说过：“部下学习的是上司的行动。对于企业领导者来说，当你希望下属去做什么时，请你用相应的行动去示范。”

领导者要学会去“说”，但同时更要学会去“做”。俗话说，“身教大于言传”，如果一个领导者光说不做，就会让下属觉得领导者只会摆官架子，高高在上，夸夸其谈，根本不了解实际的情况。同时也会让下属对领导者的责任心和能力产生怀疑：“难道领导者只是一个摆设?”在这种情况下，下属们自然也不会有强大的责任心。

就拿严格守时来说，这对于企业的员工来说可谓一项最基本的素养，但如果领导者本人经常无故缺席、无故迟到，就算再拿“日理万机”当作挡箭牌，恐怕下属们也不会真正在内心中“臣服”。而如果领导者每天都严格守时，那么一旦下属们出现迟到现象，他们就无法也不会去找丝毫借口和理由。

边说边做，以身作则，这才是一个正确的领导方式，同时能够起到对下属的激励作用。对于领导者来说，亲自去做的过程是一个了解实际情况的过程，避免领导者仅凭主观想象和个人愿望制定出一些根本难以实施和实现的制度和任务。对于下属来说，领导者以身作则是一个使自身被感召、被激励的过程，如果领导者自己都能严格遵守其定下的规则，下属又有什么理由不去遵守呢?

自20世纪70年代开始，可口可乐在饮料界的统治地位就受到了百事可乐的强烈冲击，在全球多个市场中都陷入了被动。长期的官僚作风使得许多领导者将精力放在了争权夺势、满足自身利益上，导致整个企业行动

迟缓。不过，在罗伯托·戈苏塔接任公司董事长的位置之后，企业的情况有了很大改观。

罗伯托·戈苏塔不再像过去的董事长那样只将最严厉的纪律加诸在普通员工身上，而是首先去约束各级领导者。他认为，各级领导者才是各个团队的“领头羊”，只要他们先强大起来，整个企业才能走出困局。如果领导层中有表现不佳者，或者受到下属的普遍反对，就坚决革职，丝毫不留情面。

罗伯托·戈苏塔不允许任何一个高层领导者在夏天时离职或休假，因为那时正是可乐的生产与销售旺季，领导者应该各司其职，带领好自己的团队，这时休假就相当于在战场上临阵脱逃。他认为，休假是工人们的事，领导者不应该在这时休假。戈苏塔以身作则，他每年只休一周的假。

罗伯托·戈苏塔正是认识到了领导者的榜样作用，才用严明的纪律先去规范领导层的行为，强化他们的责任心，再让下属受到感染和鼓舞。而他本人作为最高层的领导者，也同样做到了以身作则，以一年只休一周的旺盛的工作精力给其他的领导者们做出了表率。

纪律是企业制度的基石，一支纪律严明的团队会自觉地遵守企业制度，不会产生丝毫不适感。而建设一支纪律严明的团队的关键，就是团队领导者自己要做到身先士卒、严明守纪。

在任何一个企业里，领导者都是下属的镜子。甚至可以断言，只要看一看团队领导者是如何对待工作的，就可以了解团队成员的整体工作态度。领导者是下属的模仿对象，领导者的工作作风会直接影响到下属的态度。一个失败的团队，其领导者也必定是失败的。

领导者想要调动整个团队的积极性，就要先学会以身作则，潜移默化地影响下属，从而让全体成员对领导者本人产生由衷的敬佩和尊重，心甘情愿地追随领导者的步伐，向着共同的目标前进。

单独认可每个人的贡献

有些领导者不喜欢用语言和行动认可下属的贡献，他们将此作为一种保持自己和下属之间距离的工具，用一道无形的鸿沟将自己孤立起来。

曾经有位管理学家分享了一位经理人的故事：在他在职期间，有些下属喜欢他，有些下属不喜欢他，但无论哪一个人，对他有一个认识是相同的，那就是这位经理从不说感谢的话，无论下属做出了多大的贡献。结果很不幸，渐渐地所有的下属都不再信任他，认为在他的带领下缺乏激情与活力，做好做差都没什么区别。

可见，当下属做出贡献时，领导者就应该及时地予以赞美，员工只有受到认可和赏识的时候才会加倍努力。当员工做出值得嘉奖的贡献时，领导者该如何去激励下属也是要讲究技巧的。

有些领导者喜欢说“但是”，这在认可员工的贡献时最好不要出现。表扬与批评要分明，既然主要目的是表扬，那么就不要批评。不要说一些类似“你这次表现得很好，不过……”之类的话，既表扬又批评只会让员工记住批评，反而打击了员工的热情和信心。只要员工的功大于过，值得表扬，领导者就要干干脆脆地表扬。如果希望员工认识不足、弥补缺陷，那么可以再找一个时间单独沟通。

表扬就是一种给予，既然是给予，领导者就要大大方方、热情洋溢地传递给下属，不要吞吞吐吐、顾虑重重，好像自己“不舍得”或对方“不应得”一样，扰得下属心里不痛快，受表扬仿佛是被批评一样。

认可员工的贡献，有公开表扬和私下表扬两种方式。公开表扬，原则是对事不对人，重点要放在员工做的事情上，而不要过多地放在员工本人身上，否则可能表扬了一个人，却打击了团队中的其他人。私下表扬，原

则是对人不对事，更多地传达领导者对受表扬员工个人的赞许和信任，表达对员工个人成长的认可和进一步提升的期望。

所以，在认可员工的贡献时，可以先私下表扬，这时就不要吝惜溢美之词，领导者要表现出自己的“兴奋”和“惊喜”，让员工感受到领导者是在真心实意地称赞自己。之后，再进行公开表扬，这时就要正式化一些，要将员工做出的贡献打造为一个榜样事件去激励团队中的其他成员，而不是去突出个人贬低团队。

认可员工贡献的形式不是有固定模式的，可以根据不同的情况和需要，因人、因事、因时地做出相应的选择。既可以公开也可以私下，既可以表扬团队也可以表扬个人。每位员工的性格、追求、文化、背景的不同，也会让他们对不同的认可方式产生不同的看法。这就需要领导者根据员工特点做到区别对待，而不是一视同仁。

对于员工贡献的认可，不能仅仅局限在口头上，如有必要，可以结合一些物质上的奖励同时进行，比如，一份奖金、一张电影票、一天休假等，不要把表扬太过简单化，但也不能太过复杂化，最根本的是要坚持人性化，充分照顾到员工的心情和愿望。

员工有贡献，领导者就要予以认可，而且要以最快的速度、最佳的方式去认可。一次激励行为不会花费领导者太多的预算和时间，但却能使做出贡献的员工备受鼓舞，能使团队呈现出一股力争上游的气势。

让“一起庆祝”成为一种文化

最高效的激励是对团队的激励，是对企业全体的激励。无论是个人受到表彰还是团队受到表彰，都应当将这份喜悦的心情传递到全体，让表彰行为本身也成为一次对全体员工的激励。

索尼公司有一项传统，当部门内部的某个人有了新发明或新创意并受到了公司的认可和表扬时，整个部门都会对他做出祝贺。这体现了索尼“一荣俱荣，一损俱损”的精神文化。这种集体的庆祝，使获奖者本人感到更加的自豪，同时对其他的部门员工也是一种刺激。员工会更加努力地寻找自己的目标，争取在自己的岗位上能够有所突破、有所创新，试图去获得整个部门的认可。

在一些企业或部门中存在这样一种现象，即某位员工受到了表彰，但有时换来的不是同事们的祝贺，反而是同事们的排挤。一些人联合起来将困难的工作推脱给这位优秀员工，意思摆明了就是：“既然你能力强，那有本事就把所有的难题都解决了吧。”当发现了这种不良行为后，领导者不能仅仅批评处罚当事人员就草草了事，想要从根源上杜绝这类事件的发生，就要在企业中构建起“一起庆祝”的文化，增强全体员工的一体感。

京瓷公司有一个惯例，每当新员工入职、完成了阶段性的生产任务、迎接新年时都要举办“聚餐会”，而公司总裁稻盛和夫也是逢场必亲自参加。

这个惯例是稻盛和夫在创建京瓷不久就确立下来的，当时的京瓷规模还很小，处在发展的关键时期。稻盛和夫就时不时地鼓励下属说：“我们一定要搞技术创新，最好能获奖。要是得了奖，我们就把奖金拿去吃光

喝光。”

过了一段时间，京瓷果然得了奖，还获得了通产省的直接奖励。稻盛和夫先是把奖状复印，每位员工都发放一份，然后兑现自己的承诺，把全部奖金分数次和员工开展聚餐会全部花光了个精光。

后来，通产省召开获奖企业的集体大会，官员问参与会议的企业代表奖金都用来做什么了。有人回答购置新设备了，有人回答作为研发资金了，只有稻盛和夫一个人答道：“和员工们一起喝光了。”

稻盛和夫说：“没有凝聚为一体的人心确实很多变，有时也十分靠不住，但从另一方面说，这世上也没有比团结一致的人心更牢靠的东西。用激励措施来留住人心，有时比购买新设备更重要。”

京瓷在创立初期，条件还很艰苦，这时一份不菲的奖金能够为企业带来很大的帮助，使企业扩大生产规模。但稻盛和夫还是坚守了他对员工许下的承诺，毫不犹豫地将奖金“挥霍一空”。在他看来，无论是新式的设备还是壮大的规模都不是使企业长立久安的决定性因素，稳定的团队、热情高涨的员工，作用往往更加巨大。自此之后，这种“聚餐会”形式的庆祝活动就确立了下来，不管是企业规模的扩大，还是员工数量的增加，都丝毫没有影响企业全体共同的自豪感和荣誉感。

领导者要将“一起庆祝”打造为一种企业文化，而不只是一种制度，不要只在年度大会或取得重大成就时才想起开一次形式化的庆祝活动。任何一次让人欣喜的进步，都可以成为一起庆祝的契机，这些庆祝活动不仅会鼓舞全体员工的士气，也能使整个企业的凝聚力得到加强。

第八章
法则7： 真诚>面子

真诚是力量的一种象征，显示了一个人的高度自重和内心的安全与尊严。

——艾琳·卡瑟

真诚是一个人最宝贵的品质之一，人们无论是结交朋友还是服从上司，肯定都希望对方是一个真诚的人，这样相处起来自己才会感觉更加轻松自如，而不是处处警惕。

爱面子是许多人都无法摆脱的束缚，作为身居要职，成为众多员工表率的领导者，就更容易陷入维护自己面子的行动中而无法自拔。但是，这无法给领导者自身领导力的提升带来一丁点帮助，反而会起到许多反作用。

所以，从“爱面子”到“露真诚”，是领导者最需要改变的思想，是成为成功领导者必须跨越的一道障碍。

真诚与面子

真诚是所有成功管理者都具备的优良品质，一位领导者只有学会以诚待人，学会感恩，学会尊重，才能获得员工的认可和喜欢。尤其是当领导者有了失误和不足时，若能勇于在下属面前放下面子，勇于检讨，其带来的正面影响更大。但许多领导者为了所谓的“面子”，到处遮遮掩掩，处处维护自己的“权威”，永远给自己戴上一副假面具，不以真实的一面示人。这样的领导者，又怎么可能得到员工真正的信任和支持呢?

“知错能改，善莫大焉”，对于领导者来说，最可怕的不是有缺点和错误，而是自己明明知道，却不愿去面对，反而试图去隐藏和掩盖真相。这种行为，完全是“一叶蔽目”，等到将树叶拿下，面对真实的世界时，只会发现员工都已经离自己远去。

戴尔计算机在进入2001年下半年后，经过公司全体员工的奋斗，从全球计算机销量下滑的逆境中苏醒过来，戴尔的CEO迈克尔·戴尔和总裁凯文·罗林斯都坚信，公司的未来不可限量。

然而，公司在进行一次大规模的民意调查之后却发现，有超过半数的员工表示，如果有机会的话，自己会另谋高就，这让迈克尔·戴尔大为惊讶。在经过一番细致的调查之后发现，公司内部的员工普遍认为，38岁的戴尔待人接物太过冷漠，在感情上太过疏远，而50岁的罗林斯则过于独断专行，喜欢处处与人作对。在公司内部，几乎很少有人对这两位领导者忠心耿耿。而且，这种不满的怨气还在四处蔓延，已经为企业的进一步发展埋下了隐患。

迈克尔·戴尔如梦方醒，他主动召集公司的高级主管开展会议，开门见山地进行“自我批评”，他坦承自己太过腼腆，有时就会显得冷漠、难以接近，因而产生了沟通上的障碍和认识上的误解。他在会上表态说，自己会反省并积极改正自己的缺点，正确与公司全体员工建立更加紧密的情感联系。

参与会议的高级主管都对戴尔的举动感到震惊，毕竟他是一位巨型企业的最高领导者，竟然如此直率地对下属说“对不起”，这说明迈克尔·戴尔是一位真诚的领导者。戴尔还安排人将会议的全过程录制下来，在公司内部播放。自那之后，戴尔公司的凝聚力有了显著地提升。

如果是爱面子的领导者，很有可能会对员工内心对自己的不满视而不见，甚至会“恼羞成怒”地用自己的权力压制员工，维护自己的体面。但戴尔却立即意识到了问题的严重性，认识到了自己的错误，并以一种最为真诚的态度与下属沟通，让全体员工看到了自己愿意改变的决心。

领导者勇于承认自己的错误，是一种表现真诚的最佳方式。领导者不可能完美无缺、毫无缺点，尤其是一些员工普遍认为的缺陷，一定要积极地去弥补。而且在承认错误的方式上，也要用最真诚的方式，不要为了保全自己表面的体面就用过于隐晦的方式去表达自己承认错误、改正错误的决心，这才最能让员工感受到你的真诚。承认错误之后就要积极地改正，也让员工清楚地看到领导者自身的改变，这才是真诚的最终保障。

真诚型领导者不会刻意维护自己的面子，但却懂得保全下属的面子，并用一种更平和、更行之有效的方式让下属认识错误、改正错误。

查理斯·施瓦布是美国钢铁大王卡内基的得力助手，卡内基曾评价他为“一位懂得用真诚的沟通方式团结下属的人”。

曾经有一次，施瓦布在一个钢铁厂视察，看到几个工人正在车间内吸烟。公司明令禁止在车间内吸烟，而且更可气的是，“严禁吸烟”的牌子

就树立在这几位工人的头顶上。施瓦布看到后，并没有指着警示牌对那几名工人一顿痛骂，而是缓缓地走过去，非常友好地为每个人递上一支雪茄，并说："孩子们，如果你们能够走到外面去抽掉这些雪茄，我将非常感谢。"

那几名工人听到后，立刻意识到了自己的错误，同时也对施瓦布产生了好感。他们觉得领导者没有摆架子地与自己真诚沟通，顾全了自己的面子，自己自然也要给领导者面子。

如果当时施瓦布用一种粗暴的方式去斥责这几位工人，结果会怎样呢？工人们也许会表面听从，但内心愤愤不平，对施瓦布也不会有好印象，甚至以后还会再犯同样的错误。即便他们明白自己有错在先，也很难简简单单地解开心中的"疙瘩"。无论怎样，也不会取得比施瓦布的做法更美满的结果。

当领导者给下属留面子，下属也会相应地给领导者留面子。这不是一种义气，而是一种信赖。领导者相信下属的出发点是好的，相信下属能够知错就改，在这种信任的推动下，下属就会回应领导者的信任，更加严格地规范自己。真诚的领导者能够创立出一个充满信任的环境，不但自己坦率地去面对下属，也提倡下属去坦率地面对其他人。

真诚意味着领导者将自己和员工置于平等的地位上，双方能够平等直接地向对方提出问题而不必顾虑重重。在这个日益快节奏的商业世界中，如果不能及时发现错误，勇敢地改正错误，后果就会十分严重。如果企业没有一个透明的环境，什么事都要"打太极"、扭扭捏捏，企业就会逐渐丧失效率。

真诚型领导必备的5种素质

真诚型领导者对于改善团队的沟通渠道，提炼出强大的领导力的作用是显著的，而想要修炼成为一位真诚型领导者，必须具备以下5种素质。

1. 清楚自己的目标

一位旅人来到一个岔路口，他问身边经过的农夫：“你好，请问我要走哪条路呢?”农夫反问他：“你想要到哪里去呢?”旅人回答：“我也不知道要去哪里。”农夫听后便说：“那么你走哪条路都可以。”

身为一个领导者，必须要弄清楚自己是为何而领导，是为了达成怎样的目标。如果领导者自身都没有一个明确的目标和方向，又怎么会有下属愿意忠心追随呢?

有很多人一心想当领导者，一心想往上爬，但他们只是被一个领导者所带来的权力、名声、利益所吸引，而没有一个足够宏伟的目标，这样的领导者就非常容易陷入自我满足和自我陶醉。

找到自己的目标，领导者必须先认清自己，想一想自己的潜在动机，同时还要在企业目标与个人目标之间找到平衡点和共通点，这才能成为一个有足够号召力和可行性的目标。

2. 践行正面坚定的价值观

真诚型领导者懂得价值观才是他们行动的“指南针”，他们会用最高的道德标准约束自己，让自己坚守积极的价值观取向。

《波士顿环球报》曾经刊登了一篇安然的CEO——杰夫·斯基林的哈佛校友的一篇文章，文章主要内容是斯基林在一场课堂上的论战。他认为，企业领导者就是应该在法律法规之中寻找漏洞，用游走于法律边缘的方式去获取利润。后来的故事大家都很清楚了，斯基林自作聪明、自寻死路，他用歪门邪道经营起来的安然公司在丑闻曝出的瞬间就陨落了。

一个领导者的价值观决定着团队的走向和企业的走向，如果领导者的价值观是充满负面思想的，那么自然无法成为一个真诚型领导者。

3. 用心灵领导

真诚型领导者要用一种诚实的信念去领导下属，不仅是不说谎话，而且是无论真相多么残酷也要勇敢地和盘托出，如果和下属交流时，没有最为纯粹的诚实，就很难真正获得下属的信任。既然没有信任，下属又怎么会愿意追随？

领导者不能只报喜不报忧，也不能只报忧不报喜。无论是好消息还是坏消息，都要勇于展现在下属的眼前。是好消息大家共同分享喜悦，是坏消息大家一同出谋划策，这才是用心灵领导的典范。

4. 建立稳固的人际关系

首先，领导者需要打造一个成功的自我，卓越的领导魅力是稳固人际关系的中枢。领导者的价值观、行事作风、工作态度都能帮助自己塑造出一个独一无二的形象，用以维系同下属的融洽关系。

其次，领导者要选择正确的人，即志同道合的人作为自己的下属。很多时候，价值观没有对错之别，每个人都有自己的独特见解和追求，这些是勉强不来的，只有相互认同和理解，人际关系才能稳固。

团队的人际关系建立起来之后，要多沟通、多联系，关系是“聊”出来的，如果团队内缺乏必要的交流，关系就不可能稳固。

5. 表现出自律精神

自律精神是指在没有外力的作用下，自己要求自己，变被动为主动，自觉遵守相关的规则，用来约束自己的一言一行。

领导者首先自律，下属们才能够自律，而一个全体自律，不需要太多监督与催促的团队，是一个有强大进取心和纪律感的团队。

领导者要把保持自律的生活与工作当成一种需要迫切实现的目标，放下一切借口，把注意力关注在结果之上，在任何时候，都保持自律的作风。

这 5 种素质是紧密联系的 5 个部分，领导者不必急于求成，可以根据实际的情况制订计划并不断培养。只有当领导者完全具备这 5 种素质之后，才能彻底蜕变成一位真诚型领导者。

真诚的能量

真诚就是一种正直的能量，就是能够直面问题、坦率发言、寻求理解、接纳意见的一系列极具魄力的行事作风。

一个真诚的领导者总是能够认清自身的优势和缺陷，总是愿意去不断地探索、不断地进步，将自己和企业都带到一个更高的台阶之上。

稻盛和夫是一个技术人员出身的企业家，他在初创京瓷时，只是懂技术，对于经营管理则一窍不通。尤其是对于企业家来说最重要的会计学，他完全就是一个门外汉。

虽然稻盛和夫聘请了专业的会计师来掌管公司的各项财务，但是他也没有全盘接受会计师提交的各种报告。只要他遇到不懂的地方，就会真诚地向会计师询问，同他推心置腹地沟通与交流。

有一次，企业内整理了一批废料，暂时没有其他用途，但丢了又觉着可惜，于是稻盛和夫就安排人把这批废料先存放在仓库中。不过会计师在制作财务报表时，把这批废料作为了企业资产，这样按照税法规定，这批废料就要缴纳相应的税费。

稻盛和夫看到了这份报表，十分不解，他找来会计师，对他说："这批废料无法产生任何收益，怎么能算作资产呢?"会计师冷静地回答说："规定就是这样，除非把这批废料丢弃，否则只要放在仓库里，还有利用价值，就要算作资产。"

稻盛和夫还是认为太过不合理，他发表了许多自己的观点和看法。这名会计师也理解稻盛和夫话中的正确性，但规定无法改变，于是他对稻盛和夫说："我明白并理解您的观点，但如果不这样记账，税务人员是不会接受的，那样会给企业带来更大的麻烦。"

稻盛和夫听到后，回答说："我明白你做的一切都是为了我们企业，感谢你听了我这么多牢骚。现在我安排人把这批废料丢掉，麻烦你再重新做一份报表。"

稻盛和夫真诚的沟通换来了下属真诚的理解，他从来不会盲从现有的规定，而是会多问几个为什么，不彻底搞懂就绝不停止。许多领导者总是担心问得太多会显得自己很愚蠢，而在稻盛和夫看来，不懂装懂才是真正的愚蠢。正是因为稻盛和夫真诚对待所有事情的态度，才使得京瓷发展成为了日本数一数二的大公司。而他本人也通过多方学习和总结经验，成为一位在经营学和会计学上都很有造诣的领导者。

可见，不仅领导者本人需要真诚的力量，团队也需要真诚的力量。在团队中，总会出现冲突，冲突并不全是坏事，因为有很多建设性的冲突。我国企业的一些领导者在传统思想上喜欢避免冲突，追求息事宁人，但这并非一个好的处理矛盾的方式，只会使矛盾积压并深化。

一个真诚的团队可以做到相互坦诚地面对所有问题，遇到冲突时，团队成员都能够做到对事不对人，开展更有效率的讨论会，而不是相互争吵和推卸责任。很多时候，只有把问题和冲突清清楚楚地摆在桌面上，才能得到最好、最彻底的解决。

领导者在带领团队的过程中，应该鼓励每一个人以真诚的态度去认真听取和接纳他人的正确观点，鼓励建设性的冲突和争辩，用真诚的态度引导团队达成共识。这样，整个团队做出的才是一个聪明的选择，而不是为了安抚全体情绪被迫选择的折中方案。

成为真实的自己

成为真实的自己，就是要做一个表里如一的人，就是要承认不完美的自己。这样的自己才是丰富的，才是有亲和力的，才更容易获得他人的理解和支持。真实的自己，会尊重自己最直接的体验和感悟，不会因顾忌他人而不敢说出最真实的意见。真实的自己，会努力完成自己想要做的事情，会完成自己认为值得去做的事情，而不是因为他人的目标就扭曲自己的行动。

许多领导者总是试图以完美形象示人，给自己进行重重包装，以致原本的形象荡然无存。每个人都希望别人看到自己最好的一面，这种心情可以理解。但是展示一个虚伪的自己没有任何意义，反而会让下属在背后指指点点，让自己在过度包装的泥潭中越陷越深。

井深大和盛田昭夫是索尼公司的第一任领导者，两人亲密无间的合作为索尼开疆扩土，将索尼从默默无闻发展为了世界级的“帝国”。和擅长经营的盛田昭夫相比，井深大对技术更加敏锐，他总是对新技术和新产品充满好奇，并且能察觉到哪种技术和产品是有前景的。

井深大在创立索尼的前身，东京通信工业时已年近四十，但他却像个“老顽童”一样，总是直白地表现出自己的喜怒哀乐。每当他到欧洲国家出差时，看到有什么新奇产品，都会非常高兴地买上一堆带回公司，和工程师们一起将这些产品拆开，研究它们的构造。

在公司成立初期，还没有明确的产品生产计划，都是靠工程师们自己钻研。当工程师们研究出新鲜玩意儿后，就会第一时间拿给井深大过目。如果井深大看到让自己眼前一亮的设计，就会像孩童一样呵呵大笑，并对研究者赞不绝口。而当看到令自己不满意的设计时，他也会不留情面地将产品推向一旁，生气地吼道："这不是我想要的东西！"

井深大这种直接表达情绪和思想的方式并没有让下属感到不适，相反，他们觉得和这样的领导者相处很轻松。虽然受到井深大当面的否定和指责会让人感到很沮丧，但由于了解井深大的脾气和为人，下属们也不会放在心上，他们接下来会为了设计出让井深大叹服的产品而加倍努力。

井深大的领导作风和许多喜欢维护体面与威严的领导者截然不同，他总是以一种最直率的方式表达自己的观点和情绪，不加丝毫修饰。他的一举一动，透露出的只有真诚而没有掩饰。最终的结果，井深大这种坚持做自己的领导方式也没有像一些人想象的那样影响了权威，反而让下属越发地敬重他了。

权威是由领导者的才能和魅力共同塑造起来的，不会因为外在形象的一点改变就发生坍塌。如果领导者感觉自己在下属心中没有权威感，那就说明你没有真正让下属感受到你的魅力，这是无论怎样包装自己的形象都无法达成的。

Facebook 的创始人扎克伯格在他人眼中也是一个随性之人，他总是直率地关注自己最感兴趣的事情。

在 Facebook 成立初期，所有的成员都集聚在一间小办公室里，当时甚至连桌椅都不够。而当这些成员进入工作状态后，很少会关注外界的环境。有一天，扎克伯格最后一个来到办公室，发现办公桌上已经没有了他的位置，他没有出声，而是直接趴在地板上，打开笔记本电脑就开始工作。过了一会儿，当一位成员发现他们的领导者竟趴在地板上办公时，就赶快站起来让出自己的座位。但扎克伯格只是示意他坐下继续手头的工作，表示自己"只要这样就好"。

一家公司的创始人竟趴在地板上办公，这听起来让人难以想象，但扎克伯格就是这么一个不拘一格的领导者。他经常穿着T恤和短裤就出现在公众面前，并说这种装扮让他觉得最轻松。扎克伯格不在意自己的外在形象会影响自己的权威性，因为他的才华和对工作的热忱早已打动了所有的下属。

所以，领导者们，褪去你们的伪装，卸下心理上的负担吧。以自己的真面目示人，不但能使自己更加轻松和自信，也能使下属们更加认同和敬佩。

履行自己的价值观和原则

一位真诚的领导者，一定是能够恪守自己的价值观，坚持自己原则的领导者。如果领导者做事没有标准，没有方向，今天一个样，明天又是另一个样，或者是随波逐流，缺乏自己的主见，这样都无法塑造出一个真诚的形象。

履行自己的价值观和原则，并非说得那么简单，尽管领导者有十足的权力，但坚持己见仍有可能会遭受一些质疑和白眼，这些并非单纯靠权力能摆平的。一些领导者当面对重大抉择时，还能够做到矢志不渝地坚持自我。但当面对一些细微的问题时，却容易在舆论的压力下选择一种违心的做法。

作为麦当劳的创始人之一的克罗克，在最初创立公司时，曾有一名员工偷窃了公司内部的一些东西，数量不是很大，也不是太值钱，但是克罗克却认为这种行为的性质太过恶劣。由于此人平时人缘不错，公司其他员工都与他有或多或少的交情，于是许多人都站出来为他求情，而克罗克却坚持要依规严惩。

有些员工奉劝克罗克“少数服从多数”或是“再给他一次机会”。但克罗克理直气壮地说：“公司的规章制度是大家都认可通过的，我必须按照原则做事。”

在一段时间内，克罗克被员工孤立，大家都认为他太过严肃和冷血。不过，随着时间的推移，越来越多的员工开始理解和赞同克罗克的做法，认为他做的处理确实是正确的，整个公司的风气也向着一个好的方向发展了。

一些领导者认为，只有顺着绝大部分员工的意见行事才不会办错事，其实不然，一味迁就多数，有时会后患无穷。尤其对于一些特殊状况和特殊事件，领导者必须讲原则，坚持正确的价值观。如果当时克罗克“心慈手软”，对那位犯下过错的下属不予惩罚或从轻处罚，公司内部可能就会偷盗成风，规章制度也会沦为一纸空文，克罗克本人也会威信扫地。

作为一个企业的领导者，总会被各种外在压力阻碍、干扰，从而放弃了自己原本正确的价值观，比如那些为了业绩疲于奔命的领导者，为了应对外界的关注就只关心眼前的利益而忽视了长远的投资，生产出售一些劣质产品，甚至是以违法犯罪的手段在财务报表上做手脚。这类的事件，并不少见。

身处领导者的位置，自然会有诸多的压力，如业绩的压力、工作的压力、投资者的压力、员工生计的压力等，都会压在企业领导者的肩上。没有哪一个领导者会愿意成为商业战场上的又一个典型的失败案例，他们渴望成功。这些成功的压力往往会把领导者一步步地带离原本的价值观，希望能找到成功的捷径。但具有讽刺意味的是，领导者越是无法坚持自己的价值观和原则，越是想投机取巧，失败的可能性就越大，失败的结局就会来临的更快。

履行自己的价值观和原则，才是领导者真实自我的最佳体现。价值观的冲突和利益的冲突，难免会使领导者在自己的道路上受到一些质疑，但只要确信自己是正确的，勇敢地坚持下去，时间会验证领导者的决定是正确的。下属们自然也会随之理解领导者的用意，并对领导者的远见与坚持产生深深的敬佩。

对下属的成功做出承诺和鼓励

一个真诚的领导者，能够在下属不自信、不勇敢的时候，用自己的方式让他们相信自己能够成功，摆脱对自身的迷惘，以最佳的精神状态去解决之前自认为无法解决的问题。

松下幸之助虽然是位严厉的领导者，但在用人上却始终保持着一贯的大胆作风。1926年，松下电器准备在金泽市设立营业场所，但是这个地方松下本人也没去过，而一些有能力的资深主管必须留在总公司里主持各种事务。几经考虑之后，松下想起一位十分干练的年轻人，准备将这个重任交给他。

于是，松下把他找来，对他说："公司决定在金泽市设立一个新的营业场所，我希望你能去主持事务。必要的资金我已经准备好了，现在你带着这笔钱去进行这项工作。"

听了松下的话，这位年轻人大吃一惊，他诚惶诚恐地说："我只是个刚进公司没多久的小职员，今年才20出头，没什么经验……"但松下却对他充满信心："你没有做不到的事情，你一定能够做到。放心，你没问题的。"

这位年轻的职员得到了社长亲自的承诺和鼓励后，也放下了不安，赶去金泽市迅速地展开各项活动，没过多久就向松下汇报工作已经筹备就绪，于是松下又派去了几名员工，营业场所正式开设起来了。

松下坚定的信任让这位业务员抛掉了年龄、职位、经验这些自己给自己加诸的心理枷锁。虽然只是一句简单的鼓励，但却让这位业务员对自己

充满了信心，将全部精力都集中到具体的事务中，最终成功回应了松下的期待。

通常，一个受到上司信任的员工，能够放开手脚大胆地去执行任务，而且受到上司重托的他们会产生较强的责任感，会对上司交代的事情全力以赴。如果领导者在安排给下属相应的工作后，又总是不放心，动不动就下指示，让下属汇报当前的工作情况，那么就会让下属觉得自己只是在奉命行事，自己是上司实在找不到人时的无奈选择，就算失败了也没什么不可原谅的，因为这本来就不是自己有能力做成的。结果，员工本来有能力做好的事情也会以失败告终。

虽然倡导领导者对下属做出承诺，但实行时绝不能盲目，如果下属的能力确实还没有到达一定层次，无论领导者再如何鼓励也是无法让下属取得成功的。这样的承诺无法成为一种鼓励，只能在事后变为一种伤害。正确的承诺，是建立在对下属能力的充分了解之上的，发现下属自己没有发现的潜能，以此为基础为其分配任务，并坚定地鼓励他，让他相信自己能够成功。

支持和鼓励下属的自我决定

在西方，人们常常会用鸭子和雄鹰比喻两种不同的员工。“鸭子型”的员工不懂变通，不敢自己做决定，他们只会将上司教给他们的东西“呱呱”地不断重复。“雄鹰型”的员工则是用敏锐的目光观察形势，根据具体的情况勇敢地采取不同的行动。

每位领导者肯定都希望自己的员工是一群勇敢翱翔的雄鹰，而不是只会呱呱叫的鸭子。而要让员工们完成从鸭子到雄鹰的转化，就需要领导者经常给予他们支持和鼓励，让他们敢于做出自我决定、善于做出自我决定。

支持和鼓励下属的自我决定，就是要给予他们信任和空间。有许多领导者就是不放心自己的下属，认为离开了自己的帮助和监督，下属就不能做到最好，但实质上这种“冒犯”的行为往往是造成下属效率低下的“罪魁祸首”。有时候，对下属多一点信任和空间，能够有助于下属更有活力地工作，挖掘出自身的潜力。

一位产品经理看见自己手下的调色师正在调试口红的颜色，就走上前去随便问了一句：“这口红好看吗？给我看看如何？”

调色师站起来对他说：“经理，第一，这个口红目前还没有完全定案，具体采用什么颜色还没有确定，等到全部完成后我自然会拿给你看，你现在不必那么担心；第二，我是一位专业的调色师，我有信心做好，如果你觉得自己能做得更好，之后可以由你来调试；第三，这口红是卖给广大女性的，你觉得好不好看不重要，如果你喜欢，而客户们不喜欢，那么就彻底完了。”

这位经理被说得哑口无言，只得连声说道“对不起”。

案例中的这位产品经理之所以受到了调色师的严词相向，只是因为他的问题太过没有水准，只是以一种过于随便的态度干涉了作为下属的调色师的发挥空间，所以才引起了调色师的强烈不满。

领导者要学会给下属留有自我决定的空间，放宽监管的频率，不要过多地关注过程，让下属们摸索出一种自己最喜欢、最舒心的方式完成相应的目标。

支持和鼓励下属的自我决定，要掌握好前提，要先明确下属的特定能力和才能是什么，在此基础之上，选择能让他们发挥自身能力和才能的机会。然后再给予足够的信任和空间，让下属尽情发挥自己的特长和优势。

当下属在工作中出了问题，走了弯路，领导者要主动地承担起责任，帮助下属总结经验教训，给予下属有力的支持和帮助，鼓励他们继续前进。当下属完成工作目标后，领导者要与他们一同回顾探讨整个过程，看看哪些方面是进展顺利的，哪些方面是存在问题需要改进的，进行全面的总结之后，再为下属制定下一个目标。此时，他们的自我决定能力就会得到很大的提高。

如果一个团队中的所有成员都不敢自己下决断，一切都依赖领导者个人，那么这个团队就一定是个低效的团队。当面对一些突发状况和转瞬即逝的机遇，如果不能当机立断，一丁点时间的耽搁就有可能使团队陷入一次困境或错失一次机会。成功的领导者不仅要能够自己准确地下达决断，更要培养团队内的成员下决断的能力。

积极回应下属的求助

真诚型的领导者，能做到对下属的求助积极地予以回应，无论是精神上的鼓励还是行动上的帮助和支持，总之会想尽办法帮助下属跨越眼前的障碍，而不是对下属的求助视而不见甚至冷嘲热讽。

任何人做事都有可能出现纰漏，都会有知识上的空白和能力上的缺陷，这是无法避免的。当面对自己无法解决的问题时，第一时间找领导者求助，请示具体的处理意见，很多时候不失为一种最直接有效的应对方式。如果下属只是像无头苍蝇一样，没有丝毫办法地去死扛、硬拖，原本可以很好解决的问题，就会造成小问题像雪球一样越滚越大，只会加大问题的处理难度，造成重大的损失。

如果领导者发现下属存在这种不及时上报问题、请求帮助的思想和行为时，首先应该反省自己是不是在态度和方法上存在一些问题，使得下属不愿向自己求助、不敢向自己求助呢？

但是领导者也绝非万能，有时候下属上报的问题也许自己也不知道该如何处理。于是，就有一些领导者为了保护自己的面子和权威，而对问题百般推脱，去责怪下属态度不端正、执行不力。这显然不是一位真诚型领导者应有的风范。

即便领导者自己无法解决一些问题，但是领导者相较下属而言毕竟见多识广，对企业内部的状况更加了解，他们能够得知通过哪些人或哪些渠道可以了解到解决问题的方法，这要比下属自己没头没脑地摸索有效率得多。“不懂就问”不是什么羞耻的行为，“不懂装懂”才是会遭人鄙夷的行为。

下属对领导者的求助并非只局限于具体的工作层面上，对于一些和工

作相关的生活、环境等问题，也有可能产生一些诉求。面对下属的诉求，领导者要认真考量，找出其中合理的部分予以满足，而不是主观性地将下属所有的诉求都当作他们为了满足个人欲望的借口。

某工厂的一位部门经理在一次巡查过程中，发现一位下属在工作时间玩手机，这是企业明令禁止的，于是该部门经理狠狠批评了这位员工。虽然这位员工认识到了自己的错误，也表现出了反省的态度，但还是忍不住发了一句牢骚："每天上班十几个小时，厂里什么娱乐设施都没有，实在太无聊了。"

部门经理受到了这句话的提醒，员工这次固然有错在先，但是身为领导者的自己其实可以做得更好，来避免员工犯同样的错误。于是，他征求部门内部的下属的意见，并得到了上级的批准和支持，在部门内部建设了一个图书角，给员工提供了一些免费阅览的书籍、杂志，并根据员工的提议更新内容。同时，在部门内安装了两台电视机，丰富了员工在工作之余的娱乐生活。自此之后，员工的精神状态更加饱满了，在工作中开小差的现象也几乎不存在了。

员工的工作环境和娱乐生活对他们在工作中的表现有着深刻的影响，如果这位部门经理只是关注了员工的错误本身，而没有将员工的牢骚当作一回事，没有回应和解决员工的切身问题，可能之后仍会有更多的员工在工作中开小差。

作为一名领导者，必须要树立"以下属为本"的管理思想，注重倾听下属的心声，对于他们在工作和生活上的合理诉求要积极地做出回应，为整个团队提供更高效的沟通渠道和更良好的工作环境。

寻求真实的反馈

“以人为镜，可以明得失。”优秀的领导者一定要学会“照镜子”。“照镜子”的目的，是使领导者能够掌握自己工作取得的效果，比如整体运营状况、新政策的推行效果、团队成员关系等。对于领导者来说，员工的反馈信息就是一面最好的“镜子”，这要比那些冷冰冰的财务数据和调查报告要真实可信得多。

许多领导者都能意识到寻求员工反馈的重要性，可如何让员工发出真实的声音，如何收集到这些真实的反馈，才是问题所在。

事实上，很多时候员工不会说真话，尤其是对领导者或企业存在负面印象的话。员工会将领导者看作高高在上、和自己不处于同一世界的权力者，他们不太愿意向领导者吐露心声。一方面，员工可能怕说错话，惹得领导者不高兴，自讨苦吃；另一方面，员工可能认为领导者询问自己意见只是装装样子的客套，并不会真正重视起来，因此就提出了一些无关痛痒的“大众意见”。所以，领导者通常从员工口中听到的都是一些溢美之词，当然，其中也可能存在一些真心的赞美，但是如果听到的都是正面的话语，显然是不够真实的。领导者不可能所有的工作和决策都毫无疏漏，也不可能满足所有员工的需求和喜好，所以，不同意见是必定存在的。

此外，还有一些因素会导致员工的心声无法顺畅地传递。比如，内部沟通渠道不畅或过于复杂，导致员工的意见“半路消失”；又或者，企业内部官僚作风严重，整体的沟通氛围不佳，导致员工意见被滞留在某一级管理者手中。

对于这种沟通不力的状况，在此向各位领导者提供 3 种适用性强的沟通措施，帮助领导者发掘出员工的真实反馈。

1. 开展特殊的内部会议

会议是企业内部用于信息交流的最普遍形式，不过，一般的会议都局限在一定的范围，与会人员的级别相差不会太大，这就使得会议有很大的局限性。而对于一些全体员工均要参加的全体大会，往往会演变成一场动员会，即便领导者要求员工畅所欲言，员工也往往不敢或不愿主动发言。

所以，领导者可以参考百安居的“草根会议”制度，为开展有效的内部会议找到灵感。

百安居的每个部门、每个月都会召开一次“草根会议”，在会上，任何一个员工都可以毫无顾忌地提出问题和建议，而且公司的高层领导也会分别参与这个会议。“草根会议”之所以能够取得成效，不仅仅是因为宽松的会议氛围，更主要的原因是，参与会议的高层领导者需要记录归纳会议中员工提出的意见和建议，管理层和相关部门要针对这些问题制订出相应的解决方案，并且严格地执行。在下一次的“草根会议”上，相关的负责人要向员工通报相关的应对措施，并进一步了解员工的反馈信息。

百安居的“草根会议”之所以能取得巨大的成效，第一，在于通过制度化保障了员工的公开发言权，消除了员工心理上的顾忌；第二，在于公司能够针对员工提出的问题迅速地给出恰当的处理意见和政策，让员工清楚地看到了他们提出的意见建议能够被认真地采纳和应对，而非只是做做表面功夫。

因此，无论会议的具体形式、召开的频率和规模有何差别，只要严格遵照以上两大原则，就一定能够在会议上听到员工的踊跃发言。

2. 开通企业信箱或员工热线

相比面对面直接提出问题的交流方式，有些员工更倾向于使用隐蔽式或非记名的方式提出自己的观点。对于这类员工，企业信箱或员工热线就是一个更好的方式。而且，对于一些不便当面提出的敏感问题，通过这种方式也能得到很好的解决。

其实，许多企业都尝试过这两种方式，但反响都不是太令人满意。最主要的原因，不是这种方式太过老套或太过麻烦，而是领导者日理万机，有时未必能够及时查阅处理大量的员工意见和建议，员工迟迟未看到相应的处理和动作，自然就会觉得领导者不重视，内心受挫，回应自然就会越来越少了。想要取得成效的关键，还是要做到迅速应对和处理，否则，企业信箱和员工热线就只会沦落为一个发牢骚的窗口，久而久之，员工可能连牢骚都懒得发了。

东航工程技术公司开设了名为“员工心声”的信息收集箱，主要就是为了听取并解决员工的切身问题。东航工程技术公司的这项措施取得了不错的成果，主要原因就在于公司为该信息收集箱专门成立了“员工心声”信息联络员小组，配合这个沟通形式，进行有效的推进，不仅保障了员工的意见建议能被第一时间处理，也督促了员工多多发表自己的心声。

让领导者独自一人处理来自企业全体员工的意见建议，显然不够有效率，也会影响领导者的日常工作。所以，领导者可以考虑将这份工作进行适当的分割和转移。比如，像东航工程技术公司一样成立专门的信息处理小组。也可以将初步的筛选工作交由秘书或助理，或是分派给各个层级、各个部门的领导者负责，让他们自行处理，对于特别有价值或自己拿不定主意的意见建议，再上报给高层领导者请示他们的意见。

对于想要提出问题的员工，可以让他们自行选择记名或不记名。如果员工不愿意让领导者和其他同事知道是自己提的问题可以选择匿名，而如果员工留名且相应的建议得到了采纳，应当给予其相应的奖励，鼓励其多提有价值的建议。

3. 进行员工调查

员工调查是一种更细致、更系统的收集反馈意见的方法。常用的方式就是问卷调查，大到对于企业战略、文化、价值观的看法，小到对企业氛围的感受、对工作的适应程度、人际关系等，都可以通过问卷的方式进行详细调查。

工业制造商伊顿公司，就采用员工调查的方式，对整个公司分布在全球各地的55000名员工进行了调查，系统性地了解了员工对于公司大大小小的各项观点。伊顿公司的人力资源副总裁库克对于调查的结果评价很高，他认为"员工的反馈帮助公司检查和改进了业务运作模式，如今已成为公司商业战略的一部分"。

员工调查可以帮助企业没有遗漏地收集到每一位员工的具体想法，不过，在设计调查问卷时，一定要避免陷入"假、大、空"的误区。例如，一些关于专业性的问题，一些答案模棱两可的问题，都会使员工难以作答，从而不自觉地开始"说谎话"，这样的调查结果对企业而言没有丝毫意义，甚至会将企业引向一个错误的方向。

如果领导者自身缺乏相应的知识，可以聘请专业的调查公司，向他们介绍基本的情况和自己的期望，由他们代劳设计调查问卷的内容，并负责调查内容的整理、分析等工作。

有些领导者在看到以上3种寻求真实反馈的方法后，可能会觉得"这也没太多特别的啊”，实际上，最简单的方法往往就是最有效的、适用范围最广的。收集信息的方式和渠道并不是影响效果的决定性因素，关键还是要看领导者的态度，要看具体的应对和执行。只要领导者能够切实地解决员工提出的问题，并保证在企业内部营造一种公开透明的沟通文化，无论采用哪种方法，都能够听到最具真实度的员工的声音。

后 记

领导力是什么？是潜在的影响力。

在这个世界上，一个团队要想取得最后的成功，领导者如果不具备超强的领导力，绝无任何可能。领导力的修炼是一个艰辛的过程。

首先，由于你在某个团队或岗位表现优异，你成了一个团队或岗位上的明星。于是领导赏识你，同事拥戴你，你走上了领导岗位。可是你会发现，要想做一个好的领导，单单靠你超人的业务能力是远远不够的。你一个人能把事情做好，和你是否能带领一群人把事情做好根本不是一码事。所以，要想做一个好的领导第一步要修炼自己、提升自己。

当你有了超强的业务能力去指导他人时，你还要有令人欣赏的人格魅力和各项技能。上司把你放到了领导岗位，你就拥有了团队赋予你的职位权力。这时，要么是你影响别人，要么是你在受别人的影响。纵观人类历史长河，但凡能够成就一番伟业之人，无不具有超强的领导力。在他们身上都有一种或几种超强的特质，吸引着众人去追随。

我在企业里工作了近20年，发现很多的领导者随着职位的提高、资历的增长、地位的提升，会越来越意识到自己的局限性。

当自己做一件事，即使倾尽全力也无法完成的时候，你忽然听说有一个人可以轻松地搞定这件事。要想达成目标，你就得去求他帮忙；同时，还有一件事情，靠你自己和这个人单独去做谁也无法完成，但只要你们两个人一配合就能轻松搞定时，你还要去要求和他合作。这就要求作为领导者的你一定要具有说服他人、影响他人的能力。

其次，提升领导力是需要技巧的。每位领导者要想提升自己在团队中的影响力就必须学习领导的技巧，提升自己在团队中每一个动作的效能。举个最简单的例子，作为领导者，你有一瓶矿泉水。假如你把它给了一个在沙漠中走了三天三夜，又渴又累又饿的下属。对于这位下属，这无疑是一瓶“神水”“圣水”，救命之水，是最好的奖励。但如果你给一个从饭店出来，刚刚吃过大鱼大肉、已经酒足饭饱的下属，还要他必须得马上喝下去，这就成了惩罚。所以领导者提升自己每个行为的效能是非常重要的，这样可以使你手中的资源发挥最大的效用。

成功的领导者，要具有对事业火一样的热情，不断地燃烧自己、照亮他人。但光燃烧自己是远远不够的，你还要具有点燃团队热情的能力。当你点燃了团队的热情，你会发现团队的力量是那么的强大，强大到远远地超出了你的想象。

成功的领导者，要具有远见卓识。要站得高，看得远，这样才能具有引领团队的能力。领导者必须要有人跟随才能名副其实。但你的下属凭什么追随你？是因为他们看不见的，你能看到。他们想不到的，你能想到。你能给他们带来希望和美好的未来。你是一个有梦想的人，你的梦想，你的下属相信跟着你干一定会实现。

成功的领导者，要具有经营人才的能力，深谙识人、育人、用人、留人之道。让自己团队中的成员都能在团队中找到适合自己的岗位，而这个岗位又是这个下属非常喜欢的、非常擅长的。在这个岗位上工作，他非常地快乐、非常地投入，能够做出一番业绩，非常有成就感。那这个团队一定是个快乐的团队、高绩效的团队、有前途的团队。

成功的领导者，一定要善于使用权力。权力和一个东西非常相像，就是钱。大权在握却不用，就和一个亿万富翁把钱都存在银行里，一分不用的情况一样。亿万富翁如果一分钱不用和乞丐无异；领导者不使用权力也和普通人一样，失去了领导者的价值。但领导者使用权力时也应掌握好度，要因势、因时、因地、因人酌情使用。过轻，起不到惩罚和威慑的作用，下属不怕你；过重，下属产生怨恨，疏远你。所以，过轻过重都不会起到应有的作用。好的领导者在使用权力时，应该是恩威并施、刚柔相济，让下属对你既爱又怕，这才是权力使用的最佳效果。

当然，成功的领导者还要学会教练、激励和授权等领导技能，但这些技能都属于“术”的方面的能力。

要想成为成功的领导者，一定要掌握成功领导之“道”。如果未掌握，即使学会了再多的“术”，也于事无补。这个“道”的核心就是爱，如果领导者心中没有爱，必将一事无成。爱是领导技巧和方法这棵大树的肥沃的土壤，没有爱做土壤，这棵大树绝不会枝繁叶茂。

中国有句古话：士为知己者死，女为悦己者容。领导者如果不爱自己的团队、不爱自己的下属，怎么会有誓死追随的团队呢？

人非生而知之，每个人都需要学习。祝愿每位读者都能不断地学习、不断地提升、不断地成长，为我泱泱中华傲立于世界民族之林、早日实现中国梦而不懈地努力！

谨以此书，献给我职场的引领者栾建群先生！

何兴龙

2014年12月于扬州

QIYE CHENGZHANGLI SHUJIA
企业成长力书架
助力企业成长

中国财富出版社*
北京联大文化
联合出品

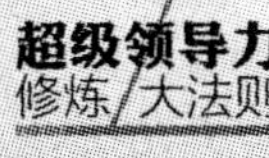

作　者：何兴龙　　**定　价：**42.00 元
出版社：中国财富出版社

《超级领导力修炼 7 大法则》内容简介

成功的企业背后，离不开卓越的领导与有效的管理。领导不仅是一门有关管理的学问，也是调度协调、用人管人的艺术。作为领导者，领导力是衡量其团队角色的唯一标准，是对团队、企业的不可缺少的、最重要的贡献，而领导力就像无形的水，虽然难以捉摸，但并非无迹可寻。本书通过总结、归类领导力的七大原则，分门别类地阐述领导力的方方面面，将实践理论化，从而推动实践进步。

作　者：蒋巍巍　石玉峰
定　价：39.80 元
出版社：中国财富出版社

《总裁变革智慧》内容简介

时代的变化，科技的进步，让原来的市场改变了模样，传统企业生产的产品已经不能满足市场的需求，一些有远见的企业开始利用市场的蜕变，对企业进行变革，使得企业重新找到发展方向，跟随着时代的发展脚步，快速成长。变革已经成为当今企业生存发展的主题。本书作者通过对变革多年的研究和分析，提供了一些变革准备与路径，帮助企业清除变革中的障碍，保证变革顺利进行。

作　者：姚先桥
定　价：36.00 元
出版社：中国财富出版社

《简单：化繁为简的力量》内容简介

日益精细化的分工，是现代社会的重要特征。面对纷杂繁复的工作环境，每一位职场人都有口难言。然而，化繁为简的工作方法，或者说是理念，是解决复杂工作的一剂良药。让工作简单，不是单纯的简化，而是去芜存菁，厘清轻重缓急，准确定位的先进工作原则。本书作者通过十几年的经验积累与观察，深入浅出地阐述"化繁为简"工作之道的原理及优越性，启发职场人在工作中运用"简单"的智慧解决问题。

作　者：陈明亮
定　价：39.80 元
出版社：中国财富出版社

《总裁营销智慧》内容简介

总裁营销能力强弱是企业能否赢利、走向成功的基本条件。"营销是赢利之基，决定着企业能否持续发展。"本书分为何以为"赢"、凭什么"赢"和用什么"赢"三个篇章，对总裁制胜营销做了详细分析，以帮助总裁分析企业营销现状、发现营销问题、选择适合企业的营销策略、避开市场营销中的陷阱，从而成为营销中的大赢家。作者以明确的思路、流畅的语言、严谨的逻辑将总裁在营销中需要注意的要点一一道来。

*注：中国物资出版社已于 2012 年 4 月 1 日起正式使用新社名"中国财富出版社"。

QIYE CHENGZHANGLI SHUJIA
企业成长力书架
助力企业成长

中国财富出版社
北京联大文化 联合出品

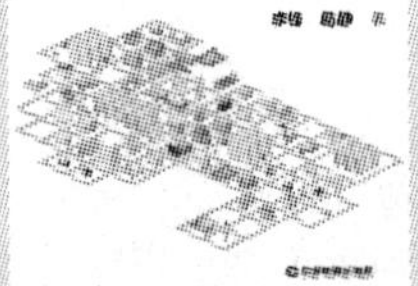

作　者：李锋　葛静　　**定　价：**35.00 元

出版社：中国财富出版社

《社群营销》内容简介

本书共分为七章，采用图文并茂的表现方式，从进入社区的方式方法，到营销活动的调查、策划和准备，再到活动的开展、互动，以及最后的活动效果的长期维持，全程为您展现社群营销的方方面面，进行细致入微的介绍。本书还专门展开一章着重介绍了网络社群营销，详细叙述了在网络时代社群营销的新平台、新方式，使您能结合线上及线下，同时铺开营销活动，取得更理想的营销效果。

作　者：孙军正　刘明勇

定　价：35.00 元

出版社：中国财富出版社

《战略与运营突破》内容简介

本书分为战略突破和运营突破两个部分，在战略突破这部分，着重阐述了战略对于现代企业的重要性，以及企业如何才能够获得战略性的成功；在运营突破这部分，着重介绍了5I运营管理机制模式。希望这本书能够帮助企业突破自身的局限性，进入到更广阔的发展空间里。也希望这本书能够帮助个人，突破自我，在企业中获得更多更好的发展机遇。

作　者：孙军正　王乐平

定　价：35.00 元

出版社：中国财富出版社

《文化与人才突破》内容简介

在信息时代的商业竞争中，一家成功的企业不仅需要优秀的产品和强大的品牌作为保障，还需要自身独特的文化烙印；在创新成为主旋律的今天，人才是创新的源泉，企业发展需要一大批优秀的人才。本书围绕文化突破与人才突破两个部分，着重阐述了缔造企业文化的方法，以及如何构建企业现代战略人力资源管理系统，为企业发展提供人才支持。

作　者：曾文

定　价：35.00 元

出版社：中国财富出版社

《像恋爱一样去工作》内容简介

本书从“和工作谈恋爱”的思路出发，为了帮助职场达人更好地建立“和工作谈恋爱”的工作思维，作者给出了明确职场工作意义、全身心投入工作、树立高目标、坚持带来力量、让自己更优秀、不断进行创新等相关方法。全书内容深入浅出，行文严谨而不失幽默，用翔实的案例、准确的逻辑和清晰的语言，为职场人摆脱工作倦怠、打造良好工作氛围设计和规划出一条行得通的道路。

作　者：李锋　葛静　　**定　价：**39.80 元

出版社：中国财富出版社

《炒店：7 步实现门店网点人流量激增、销量翻番》

内容简介

本书致力于用平实的语言、贴近生活的案例、详细的步骤描述来展现炒店的整体面貌。不去过多地讲解理论，而是注重实际的可操作性、可应用性，尽可能讲述全面具体的执行方案、执行方法，让你阅读完本书后能够策划出一套属于自己的、适合自己店铺的炒店方案。

作　者：陈明亮

定　价：39.80 元

出版社：中国财富出版社

《怎么做，别人才追随》内容简介

追随力是领导力的重要组成部分。追随力看似抽象，无从把握和建立，但是经过仔细地研究和学习，追随力其实也是有迹可循的。本书作者有着丰富的管理实战经验，并长期从事企业领导培训工作。在本书中，作者将从各方面为读者介绍何谓追随力、追随力能够给企业带来的益处、企业家应该从何处着手建立追随力以及建立追随力时应该注意到的一些问题，希望能够为各位企业家排忧解难。

作　者：周子人

定　价：35.00 元

出版社：中国财富出版社

《管理者自我修炼》内容简介

管理才能不是天生的，需要不断地在工作中磨炼。优秀的管理者应该可以驾驭任何员工，因此，管理者应该从自身出发，找出自己的不足之处，不断修炼自己，提升自己的领导力。本书为管理者解读管理工作的真谛，助力管理者自我修炼。

作　者：杨平

定　价：35.00 元

出版社：中国财富出版社

《领导角色与艺术》内容简介

本书针对现实中领导者的角色“错位现象”，分析了领导者为什么要进行角色管理、如何成功实现领导角色的转变，以及如何成为一名成功的领导者等问题，并总结了领导者的七大角色，为领导者进行角色管理提供参考。通过阅读本书，相信广大领导者可以更好地认识自己，知道身为领导者应该做什么、怎么做，从而更好地扮演自己的领导角色。

QIYE CHENGZHANGLI SHUJIA
企业成长力书架
助 力 企 业 成 长

中国财富出版社
北京联大文化 联合出品

作　者： 吴群学　　**定　价：** 35.00 元
出版社： 中国财富出版社

《管理就这几招》（第二版）内容简介

本书第一版在持续两年的热销之后，作者吸取了很多专家的建议和企业一线的管理经验，隆重推出了第二版。全书在第一版角色管理、目标管理、团队管理和自我管理的主体框架不变的基础上，对部分管理经验和方法进行了补充和完善，使之更贴近企业实际，更顺应时代赋予管理的各项职能，简单实用。

作　者： 吴东
定　价： 32.00 元
出版社： 中国财富出版社

《九型人格与卓越销售力》内容简介

本书依据“九型人格”理论，将销售人员遇到的顾客分为九种不同的类型，通过探讨每种类型顾客各自的优势和弱势，分析他们在购买商品与谈判中的“心理弱点”。最终，教会销售人员如何牢牢抓住顾客的心理弱点、掌握他们的思维方式、学会与他们的对话技巧，以此提高销售技能，卖出更多的产品。

作　者： 高乃龙
定　价： 32.00 元
出版社： 中国财富出版社

《夹缝中的利润：小微企业的生存赢利之道》内容简介

和世界 500 强相比，中国企业是小微企业；和中国 500 强相比，中小企业是小微企业。我国的小微企业是解决就业问题的主要力量，但小微企业的发展却面临困难。本书是帮助小微企业突破自身困境的第一本实战书籍，书中结合企业案例现身说法，通过独到的分析、有效的定位和精准的策略，最终帮助小微企业实现可持续发展。

作　者： 高子馨
定　价： 32.00 元
出版社： 中国财富出版社

《形象决定身价：职场人全方位获得成功的 6 个魔法》内容简介

你一定羡慕过那些商界、政界精英们翩翩的风度；你一定渴望着在别人面前表现得潇洒自如。个人形象是个人竞争的软实力，纵然你有很高的学历，纵然你经验丰富，如果没有良好的个人形象，你也很难取得成功。本书从什么是个人形象出发，通过生动形象的事例论述，专业权威的建议提示，帮助你一步步提升个人形象和气质。相信你能够在书中找到你尚未成功的原因，也能够找到通向成功的捷径。

QIYE CHENGZHANGLI SHUJIA
企业成长力书架
助力企业成长

中国财富出版社
北京联大文化
联合出品

作　者：付述信　　定　价：32.00 元

出版社：中国财富出版社

《职业化团队五项管理》内容简介

本书从五个方面阐述了打造职业化团队的管理方法：目标管理、团队精神管理、执行力管理、责任管理、结果管理，以此对团队运营和团队成员的能力提出要求。全书的内容是以经典的案例开篇，使每一个读者可以从故事中领略到管理的奥妙，经过对案例的分析，给出最恰当的管理方法。用最浅显易懂的语言概括出了管理团队的精髓，旨在让每一个读者明白，打造职业化团队并不是深不可测的。

作　者：刘逸舟

定　价：35.00 元

出版社：中国财富出版社

《说服的力量》内容简介

是否具备说服的能力决定了你生活的顺利程度、决定了你事业上的发展、决定了你是否是个具备影响力的人，甚至决定了你能否掌控自己的人生。掌握了说服力的人，能够使他人遵从自己的意愿，能够使他人自愿地帮助自己，能够把陌生人变成好友，把冲突化解为无形，使家庭中的关系更加和谐。

本书全面揭晓说服中的奥秘，通过专业的分析与归纳，帮助你建立自己强大的说服力和影响力，使你避免在人群中人云亦云、随波逐流！

作　者：刘星

定　价：32.00 元

出版社：中国财富出版社

《职场 360 度沟通：职场人交流得力的完全沟通术》内容简介

人脉是成功的关键。那么，这人脉从哪里来呢？需要你去开发、去构建，方法就是发挥自己的心思，抓住遇到的每一个人，去好好地沟通、交往。良好的人际交往能力是形成雄厚人脉资源的不可缺少的要素。本书即讲述了各种最适合职场达人或菜鸟们学习、运用的沟通技巧，掌握这些沟通技巧，即会成为打遍职场无敌手的精英高手。从现在开始，努力修养自己的沟通能力，成为战无不胜、可以搞定任何人的职场达人吧。

作　者：蒋巍巍

定　价：32.00 元

出版社：中国财富出版社

《冲突管理：化冲突为转机的 9 个步骤》内容简介

现代商业社会竞争日益激烈，企业稳定的重要性不言而喻。不管什么样的企业，都应当及时处理冲突，不让冲突激化，才能有更多的精力提升核心竞争力，从商业大潮中脱颖而出，走上成功的巅峰。在这本书里，我们将为管理者带来全新的思路和手段，从冲突的源头，到冲突的结果，一一为管理者详细解读，彻底解决“冲突到底要怎么管”这一职场难题。

作　者：潘永德　　**定　价：**26.00 元

出版社：中国财富出版社

《藏在口中的财富》内容简介

好的口才有着不可估量的价值，是每个人都需要的生存技能，从工作中的求职升迁，到生活中的恋爱婚姻，从人际交往中的说话办事，到事业中的营销谈判，事事离不开口才。

好的口才能使你受益一生，本书正是一本实用口才技巧训练手册，从改善说话声音、表情动作、表达策略等方面重新训练你的口才能力，同时针对生活中与你关系最密切的说话场合，教授你最实用的口才技巧，让你突破语言的障碍，轻松应对各种语言场合！

作　者：龚光鹤

定　价：35.00 元

出版社：中国物资出版社

《领导应该这样当》内容简介

领导是一种经验，领导是一种智慧。本书凝结作者投资大脑近百万的学习精华，巧妙地结合了现代企业快速发展的案例，综合分析了团队建设、投资技巧、建立人脉等领导技能的最新进展，分享了成为优秀领导者的秘诀。通过理论与实践充分结合，将本书打造成提高领导力的终极法则。

作　者：匡晔

定　价：32.00 元

出版社：中国物资出版社

《这样销售最高效》内容简介

销售工作可谓“成也在人，败也在人”，而这个“人”就是销售人员。销售人员是市场销售战略的“先知者”，不仅带领着企业拨开销售的层层迷雾，更为重要的是能够发现销售的真谛。本书把销售实战和理论联系起来，使销售人员能够在赢得客户的过程中充分理解销售理论，从而积累深厚的理论素养，指导实际的销售工作。

作　者：朱广力

定　价：32.00 元

出版社：中国物资出版社

《金牌销售不可不知的 9 大沟通术》内容简介

你是否为自己满腔热情的介绍，客户却无动于衷而烦恼？你是否为自己坚持不懈的努力，产品却无人问津而神伤？你是否为自己勤勤恳恳地工作，业绩却无法攀升而无措？金牌销售的成功战术究竟为何？本书通过分析 9 大沟通战术，结合具体的案例，揭示了成为一名金牌销售的秘密所在。

助力企业成长

中国财富出版社
北京联大文化　联合出品

作　者： 吴群学　**定　价：** 32.00 元

出版社： 中国物资出版社

《学规则　融团队》内容简介

当你进入一个团队，而自己又不能改变团队的规则，学习和适应规则就成为你进入团队的必修课。记住：学习规则，融入团队，你才能快速地进入职场人的角色。

团队内部的一切问题都来源于规则问题。认识规则、把握规则、利用规则，最终同规则融为一体，才能在职场生存并不断前进。本书将告诉你后 80、90 后职场人快速成长的法则！

职场就是：学规则、用规则、造规则！团队就是：先融入、再切入、后深入！

作　者： 蒋巍巍

定　价： 32.00 元

出版社： 中国物资出版社

《左右逢源：职场人际关系的 9 堂课》内容简介

在职场上，你是否会担心孤立无援？是否会羡慕那些在人际关系上有特别天赋的人？是否希望为自己赢来良好的人际关系？职场成功又该如何界定？本书从职场里的一个个鲜活案例入手，生动地展示了职场中的沟通技巧，让你学会在职场中左右逢源，用人际打开晋升之门。

作　者： 于飞

定　价： 35.00 元

出版社： 中国物资出版社

《向大客户要业绩》内容简介

抓住大客户，就抓住了大订单，抓住了高业绩，抓住了职场前景。所以，抓住大客户是每个销售人员的目标。然而要如何抓住大客户呢？这就是本书的价值所在。应对大客户的方方面面都需要更巧妙的技巧和方法，本书从 20/80 法则入手，帮助销售人员降低在销售工作中的成本投入，并提高能效产出，让销售人员掌握搞定大客户的技巧，在最短的时间拿下最大的订单。

作　者： 马斐

定　价： 32.00 元

出版社： 中国物资出版社

《口碑载道：无本万利的营销方式》内容简介

对于所有企业的市场营销人员或是管理者来说，关注品牌形象和品牌发展，不如先好好了解一下如何做好口碑，这里面的门道究竟几何。本书从各大品牌口碑营销的经典案例着手，透析各家口碑营销之道，从中总结经验和技巧，提示企业市场营销人员及管理者，口碑营销是一门科学，必须认真学习和把握。

QIYE CHENGZHANGLI SHUJIA
企业成长力书架
助力企业成长

中国财富出版社
北京联大文化
联合出品

作　者：马斐　　定　价：32.00 元

出版社：中国物资出版社

《拿下大客户》内容简介

企业的大多数利润是靠 20% 的大客户来赚取的。一个企业要发展，就需要有相当的利润作支持，而大客户是企业的利润源泉，生存和发展的助推器。如何获得大客户的签单？如何有效应对大客户的各种要求与质疑？请你不要着急，因为你手里的这本书已经为你考虑到了，并提出了相应的解决方案供你参考。

作　者：向成学

定　价：32.00 元

出版社：中国物资出版社

《成交从异议开始》内容简介

本书专门针对客户常提出的各式各样的异议提供有效处理的策略与方法。书中列举了大量的销售案例，并大多以情景模式展开，目的便是更好地通过情景模拟来诠释异议处理的策略精髓。如果你还在为客户所提出的各式各样，甚至是千奇百怪的异议、意见、问题而感到头疼，或者说备受困扰，迫切地想要找到解决方法，那么，本书将为你结束困扰。

作　者：覃曦

定　价：32.00 元

出版社：中国物资出版社

《服务制胜》内容简介

服务是一个长期工程，不能掉以轻心，也不能因循守旧，我们必须时时刻刻为客户着想，发自内心地为客户服务，真诚地为客户解决问题，注意细节，勇于创新，给客户提供最周到的服务。

本书分节介绍了各种服务法则，详细地帮助你解决服务过程的种种困扰，让你学会怎样达到客户的要求。

作　者：曾展乐

定　价：32.00 元

出版社：中国物资出版社

《成交赢在心态》内容简介

心态是一个人一切言行的控制按钮，这个按钮决定着你生活中的一切。你的心有多高，你就能飞多高。只要拥有自己坚定的信念，不管在什么时候也不会被挫折打倒，你不再是一个弱者，而是一个能够改变自己生活的强者。

让你一步步改变自己的生活，让你成为销售中的强者，看本书怎样为你解答，相信你的选择，一定不会让你失望的。

作　者： 张野　　**定　价：** 32.00 元

出版社： 中国物资出版社

《成交无限》内容简介

销售员在与客户沟通的过程中，80% 的客户或多或少会感到一些反感，这些反感有时会以某种形式表现出来，有时也会隐藏在客户的心里，成为与客户沟通过程中的最大屏障。那么，是什么原因引起的这种情况呢？面对这种情况该怎么处理呢？相信这本书的 55 个技巧对于需要与客户沟通的人将会非常有用，它对于我们与客户将是一个全新的桥梁。

作　者： 姜登波　李华

定　价： 32.00 元

出版社： 中国物资出版社

《赢在管理》内容简介

本书通过对企业管理深入地剖析、分解，找出企业管理误区，并针对企业管理容易疏漏的地方进行填补，是每个企业管理人员手中的指南针，能够帮助迷途创业的人员找到扎营的地点。书内所阐述的问题新锐、真实，解决方法快速、简便，是现代企业领导者所不能缺少的良师益友，能够教导企业领导者如何做“泥菩萨过河，有招可取”的智人。

作　者： 文征

定　价： 28.00 元

出版社： 中国物资出版社

《做世界上最优秀的员工》内容简介

世界 500 强企业集聚了世界上最优秀的人才。你想成为世界 500 强企业中的一员吗？你想知道世界 500 强企业最欢迎什么样的员工吗？你想知道为什么有的员工能够进入世界 500 强企业，甚至会经常受到众多世界 500 强企业的高薪聘请吗？那么，请看本书为您提供的这 7 种工作习惯，它将为您搭建登上世界 500 强这一豪华巨轮的台阶。

作　者： 邹金宏

定　价： 32.00 元

出版社： 中国物资出版社

《麦当劳成功的启示》内容简介

麦当劳是世界 500 强企业之一，有超过一百万的员工，已经在全球 121 个国家设有超过 31000 家快餐店。麦当劳是一个企业，也是一个王国，一个跨区域的王国。是什么原因让麦当劳如此庞大？如此成功？如此奇迹？它到底运用了什么方法？ 本书通过最真实的笔触，为你提供很多麦当劳成功的智慧和秘诀，使你从中获得有益的知识、借鉴和启发。

作　者： 周锡冰　　**定　价：** 18.00 元

出版社： 中国物资出版社

《新员工要懂得的处世心理学》内容简介

新员工大多是在狂涛骇浪里的职场小人物，想要在如今环境糟糕、恶劣的职场上平步青云、如鱼得水，就必须懂得职场的潜规则。本书以大量案例生动地介绍了新员工必须研修的 25 堂职场课程。然而，本书的目的不是描写 25 个职场潜规则，而是为新员工开辟一个顺利的职场人生。

作　者： 李华

定　价： 35.00 元

出版社： 中国物资出版社

《三分管理　七分领导》内容简介

企业的高度不是来源于管理，也不是来源于高效的执行力，而是来源于领导。卓越的领导，决定着企业无限的发展潜力。

21 世纪的领导力不仅仅是领导的方法和技能，也不仅仅适用于领导者，它是我们每个人都应该具备或实践的一种优雅而精妙的艺术。如果你想摆脱刻板的管理者形象，成为一个形象鲜活、拥有更多追随者的魅力领导，请你将本书作为你的智囊宝典。

作　者： 李华

定　价： 32.00 元

出版社： 中国物资出版社

《三分策略　七分执行》内容简介

市场上琳琅满目的执行力图书常销不衰，再一次印证了执行力的课题引起了企业主和从业人员的高度关注，甚至可以说，一个企业是否高效，取决于企业团队执行力的强弱。

如果你是一个企业的中层管理者，而且想提高执行力这一决定职场成败最核心的技能，同时，在不断追求卓越，有加薪升职的愿景，那么，请你阅读本书的观点并实践相应的技能。

作　者： 李华

定　价： 29.80 元

出版社： 中国物资出版社

《三分管人　七分选人》内容简介

从某种意义上来说，企业的竞争就是人才的竞争。作为企业“伯乐”的人力资源经理，如何为企业招聘到像“千里马”般优秀的员工，为企业不断发展适时提供有效的人力资源，已经成为衡量一个人力资源经理是否优秀的核心标准。

本书是专为人力资源经理量身打造的图书，通过学习本书介绍的经验和技巧，你会熟悉并掌握所有管人、选人的全部流程和方法。

QIYE CHENGZHANGLI SHUJIA
企业成长力书架
助力企业成长

中国财富出版社
北京联大文化 联合出品

作　者：王一恒　**定　价：**29.80 元

出版社：中国物资出版社

《这样沟通最有效》内容简介

在与人沟通时，需多留心一下沟通技巧。对于管理者来说，掌握全方位沟通技巧就成了必修课。

本书通过轻松幽默的语言、丰富的故事，将沟通能力细化为 13 个方面，提供了一整套即学即用的管理沟通技巧。全书包括表达、倾听、反馈、批评、赞扬、说服、处理冲突、不同场合、不同对象、不同渠道等沟通技巧，教你如何选择恰当的沟通渠道和沟通方法，怎样依据沟通对象的性格类型选择沟通策略。

本书提供的全方位沟通技巧，既能让你与不同性格的下属进行有效沟通，又能确保你沟通的高效。

作　者：管永胜

定　价：42.00 元

出版社：中国物资出版社

《网络营销的6个关键策略》内容简介

本书作者曾任紫博蓝大客户总监，慧聪网产品总监，网罗天下广告媒介总监，《宠物世界》杂志社运营总监。

众所周知，网络已经渗透到我们工作、生活的方方面面，所以无论你作为一个企业主或从事营销相关的工作者，如果不懂得网络营销，我可以很肯定地告诉你：你失去的将是一个时代！基于此，管永胜通过十多年从事网络营销的经验和潜心研究，提出了从“网络营销”到“网络赢销”的新模式——AISCAS 模式！这一模式的提出将为你实现“网络赢销”提供新的启示。

作　者：吴永生

定　价：26.00 元

出版社：中国物资出版社

《这样授权最有效》内容简介

只有授权，才能让权力随着责任者；只有权、责对应，才能保证责任者有效地实现目标。授权不仅能调动下属积极性，也是提高下属能力的途径。

管理者一定要明白：自己的双眼永远要比双手做的事多。

本书立足于中国人思维模式，汲取西方之精华，注重实操性，让管理者即学即用。

作　者：李金玉

定　价：36.00 元

出版社：中国物资出版社

《激活你的团队》内容简介

员工激励是企业的永恒话题，更是企业长盛不衰的法宝。激励的技巧像一团云雾，很难掌握。同一个人，以同样的语速，对不同的人说同样的话，产生的影响可能是不同的。本书中，我们从 14 个方面对激励的技巧进行了全面的剖析，并且针对不同的人和企业设计了个性化的激励方案，希望能通过这些激励的技巧给企业的管理者一些启示。

作　者：王桂玲　李华　　定　价：16.00 元

出版社：中国物资出版社

《优秀员工的 8 项修炼》内容简介

今天的成就是昨天的积累，明天的成功则依赖于今天的努力。把工作和自己的职业生涯联系起来，对自己的未来负责，学会容忍工作中的单调和压力，认识到自己所从事工作的意义和价值，就会从工作中获得成就。

作　者：梁慧

定　价：26.00 元

出版社：中国物资出版社

《品牌营销 8 大实战攻略》内容简介

无论在世界哪个角落，这些品牌都是那么的成功。他们用看似和您相同的营销方法，轻而易举地赢得了整个世界的欢迎。

这些品牌为什么能取得成功呢？这是因为他们采用了成功的品牌营销策略，品牌的成功与成功的品牌营销是分不开的。品牌营销，一个让人寄予希望的名词。可以说，成功的品牌营销策略，就是企业赢得竞争的一柄利剑。在市场竞争日益激烈的今天，如何“活学活用”这些成功企业的“不传之密”，如何在市场竞争或营销中将此剑挥洒至极佳境界，是每一个企业所迫切希望学到的。

作　者：龚俊

定　价：20.00 元

出版社：中国物资出版社

《工作无小事》内容简介

小事是过程，大事是结果。大是由小演变而来的。如果一个人一屋都不能扫，谈何扫天下。在工作中，我们只能用 100% 的激情去做 1% 的事，才能成就大事，切记，1% 的失误带来的是 100% 的失败。

作　者：张伽豪

定　价：18.00 元

出版社：中国物资出版社

《你在为谁工作》内容简介

在工作中，不管做任何事，都应将心态回归到零：把自己放空，抱着学习的态度，将每一次任务都视为一个新的开始、一段新的体验、一扇通往成功的机会之门。千万不要视工作如鸡肋，食之无味、弃之可惜，结果做得心不甘情不愿，于公于私都没有裨益。

你还是在不快乐地工作着吗？

打开这本书，让它告诉你工作的意义是什么，帮你找到工作的动力，从而带领你感受工作的乐趣所在！